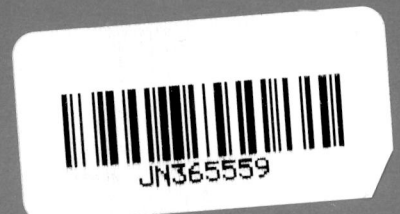

쉽게 읽는

# 박인로 가사 11편

쉽게 읽는
박인로 가사 11편

2023년 6월 30일 초판1쇄 인쇄
2023년 7월 10일 초판1쇄 발행

편저자 | 김성은
발행인 | 김영환
발행처 | 도서출판 다운샘

05661 서울특별시 송파구 중대로27길 1
전화 (02)449-9172 팩스 (02)431-4151
E-mail : dusbook@naver.com
등록 제1993-000028호

ISBN 978-89-5817-532-2 03810
값 17,000원

쉽게 읽는

# 박인로 가사 11편

김성은 편저

도서출판
다운샘

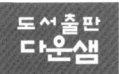

## ■ 편저자 약력


### 김성은(金成恩)

- 경북대학교 국어국문학과대학원 졸업, 문학박사
- 경북대학교 강사
- 우송대학교 초빙교수


**〈주요 논저〉**

- 「노계 박인로 가사의 공간 연구」, 경북대학교 박사학위 논문, 2013.
- 「노계 〈권주가〉의 사에 나타나는 특성과 의미」, 2010.
- 「노계 〈상사곡〉의 내용적 특성과 그 의미」, 2010.
- 「〈소유정가〉의 장소재현과 장소성-화자의 주체성 문제를 바탕으로」, 2011.
- 「홍세태 시에 나타나는 결핍의 의미-후기 시를 중심으로」, 2011.
- 「〈사제곡〉의 의미구조 연구-통로 기능의 사를 중심으로」, 2012.
- 「〈만전춘별사〉에 나타나는 장소어구의 특성과 그 의미」, 2015.
- 「《소유정제영》 시의 장소성 연구」, 2018.
- 「박인로 가사의 창작방식과 그 의미-'ᄒᆞ믈며/ᄒᆞᄆᆞᆯ며'의 활용을 중심으로」, 2020.

- 시집 『경계를 풀지않는 눈빛들』(공저), 2015.
- 『대구 공간과 문화어문학』(공저), 2019.

# 머리말

2009년 겨울, 박인로의 가집(歌集)을 조사하러 경북 구미시를 찾은 것이 박인로의 가사를 연구하게 된 계기가 되었다. 그때 소장자를 통해 직접 살펴보고 조사를 한 것은 2004년에 새로 발굴된 『영양역증(永陽歷贈)』이라는 다소 생경한 제목의 박인로 가집이었다.

『영양역증』[1]에는 〈사제곡(莎堤曲)〉·〈누항사(陋巷詞)〉·〈상사곡(相思曲)〉·〈권주가(勸酒歌)〉 4편의 가사와 '반중(盤中) 조홍(早紅) 감이 고와도 뵈이ᄂᆞ다'로 시작하는 작품을 비롯한 단가(短歌) 4수, 간행자인 이윤문(李允文 1646~1717)의 발문(跋文)이 수록되어 있었다. 그 중 〈상사곡〉과 〈권주가〉는 창작 사실만 전해졌을 뿐 그 실체를 알 수 없었던 박인로의 가사작품이어서, 박인로를 연구할 수 있는 중요한 자료로 연구자들에게 새롭게 나타났다. 『영양역증』의 발굴로 〈상사곡〉과 〈권주가〉 두 작품이 더해져 박인로는 가사작품을 11편을 창작한 작가로 거듭나게 되었다.

노계(蘆溪) 박인로(朴仁老 1561~1642)는 11편의 가사작품 외에도 90여 편의 시조와 한시를 남긴 조선 중기의 대표적인 작가 중 한 사람이다. 박인로가 살아간 16~17세기는 당쟁과 임진왜란·병자호란 그리고 광해군

---

1) 『영양역증(永陽歷贈)』은 한음 이덕형(1561~1613)의 증손인 이윤문(1646~1717)이 경북 영천(영양은 영천의 옛 이름) 군수로 재직할 때 증조부 이덕형과 관련 있는 박인로의 작품을 담아 경오년(1690) 발간한 가집이다. 박인로 집안에서 발간한 문집인 『노계집(蘆溪集)』은 1831년 처음 간행되었기 때문에 『영양역증』은 『노계집』보다 140여년 앞서 발간된 박인로의 최초의 가집이 된다. 『영양역증』은 2005년 '경상북도 유형문화재 제 369호 장형수 소장 『영양역증』'으로 지정 되었다.

집정(재위 1608~1623년) 등 혼란한 조선 중기였고 조선이 전기에서 후기로 넘어가는 과도기였다. 박인로 개인은 지방 사족으로서 기울어 가는 가세, 무관을 업신여기는 사회 풍조 속에서 지낸 변방 말직의 무관직, 그것을 극복하고자 늦은 나이에 매진한 유자 지향 등 혼란과 갈등 그리고 결핍의 삶을 산 인물이었다.

그동안 필자는 소논문에서부터 박사학위 논문까지 박인로의 가사문학을 연구해 왔다. 21세기를 살고 있는 지금, 고전문학 전공자로서 느끼는 아쉬움은 한국의 고전문학이 일반인들에게는 익숙하지 않다는 점이다. 그 이유로는 고전문학이 현대문학보다는 시간의 간극이 크고, 한자가 많이 섞인 우리의 옛글로 표기되어 있기 때문에 읽기가 쉽지 않다는 점을 우선으로 들 수 있다. 갈 수록 한자 해독을 어려워하는 세대가 많아지고, 한자가 아니라도 일반인이 우리 옛글로 표기된 글을 읽고 해석하기엔 어려움이 크기 때문이기도 하다.

하지만 한국의 고전문학이 일반인들에게 쉽게 선택되지 못하는 현상에 대해 고전문학 연구자의 책임도 크다고 생각한다. 그 책임이란 이른바 그들만의 리그 속에서 연구를 계속할 뿐, 대중화를 위한 노력과 시도에는 많은 노력을 기울이지 않는다는 점이다. 고전문학이 전공자나 연구자에게는 어렵지 않게 읽히거나 어차피 이해하기 위해 노력해야 하는 대상이 되겠지만, 일반 대중들에게는 그렇지 않다는 것이다. 쉽게 읽을 수 없기 때문에 쉽게 대할 수 없어 대중적으로 잘 알려진 몇 작품만 선택적으로 찾을 수밖에 없는 것이 현실이다. 앞에서도 언급한 것처럼 고전문학은 한글본 작품이라 할 지라도 현재의 국어와는 사뭇 다르게 한자가 많이 섞인 옛글로 표기되어 있기 때문이다. 학교에서 다른 전공의 학생들에게 물어보면, 우리 옛글이 외국어 보다 읽기가 더 어렵다거나 아예 못 읽겠다는 답이 돌아오는 것에서도 알 수 있다.

연구자들이 연구를 거듭해서 작품성을 밝히고 그 의미를 나누는 것도 중요하지만, 대중들에게 우리 고전문학의 면면을 널리 알리고 쉽게 접근할 수 있도록 하는 것도 고전문학 연구자들의 몫이라고 생각한다. 한문으로만 지은 시(詩)나 소설은 번역 작업이 이루어져 쉽게 접할 수 있는 작품이 많고 번역 작업이 진행 중인 경우도 많다. 하지만 우리 옛글로 기록한 가사문학 같은 경우는 연구자들에게는 우리말로 인식되어 굳이 번역을 다시 해야 한다는 생각을 잘 안 하게 되지만, 일반인들에게는 외국어보다 더 어렵다고 인식되기 때문에 쉬운 현대어로 바꾸는 작업이 있어야 그 간극을 줄일 수 있다.

이런 점을 해결하기 위한 작은 시도의 하나로 이 책에서는 박인로의 가사작품 11편을 쉬운 현대어로 옮겨 실어 누구나 쉽게 읽고 공감하며 즐길 수 있도록 하고자 한다. 이는 우리 옛글로 된 고전문학도 분명 우리의 문학이므로 모두 함께 즐길 수 있어야 한다는 문제의식에서 시작한다.

책의 구성은 다음과 같다. 1장은 박인로의 생애와 가사작품 창작과 그 배경, 문집(가집) 발간의 배경과 새롭게 발굴된 가집과의 관계 등 박인로와 가사작품을 둘러싼 전반적인 내용을 설명하는 것으로 구성하였다. 2장에서는 박인로의 가사작품 11편을 창작 순으로 수록하되, 각 편의 서두에서 창작 동기와 시기, 내용의 특성 등 작품을 이해하기 위한 배경설명을 먼저 하였고, 그 다음에는 읽기 쉬운 현대어로 옮긴 작품을 실은 다음, 마지막으로 문집(文集)과 가집(歌集)에 실려 있는 그대로의 원문을 수록하였다.

각 작품 서두의 설명은 작품을 이해하기 위한 기반이나 배경 정도만 간략히 서술하여 무겁지 않게 접근할 수 있도록 하되, 독자의 지적 호기심을 어느 정도는 충족할 수 있는 정도로 하였다.

핵심은 현대어로 바꾼 부분인데 어순이나 단어, 조사 등은 최대한 원문 그대로를 따르려고 했다. 옛글 표기의 특성이며 일반인들이 어려워 하는 자음 병서(예 : ᄡᅥ,ᄯᅳᆺ) 표기나 아래 아(예: ᄒᆞ, ᄂᆞ) 등은 가장 적확하며 쉬운 현대어로 바꾸었고, 한자 역시 쉬운 현대어로 바꾸었다. 고전문학이니 만큼 예전 방식의 서술 표현 그리고 경상도 방언 같은 부분 역시 현대어 서술방식과 표준어로 바꾸고 각주로 설명했다. 무엇보다 가사작품을 읽는 즐거움을 잃지 않기 위해 가능한 한 가사의 4음보 운율을 그대로 살리도록 노력했다.

옛 문헌이나 고사를 인용한 문구가 많기 때문에 각주를 표기해야 할 부분이 많고, 용사(用事)를 많이 사용하는 고전문학의 특성 상 같은 문구나 유사한 표현이 반복해서 나타난다. 이 경우 다른 책에서는 보통 처음 한 번만 설명하고 그 다음 부터는 '앞의 각주 oo번을 찾아 보라'는 방식을 쓰지만, 이 책에서는 독자의 편리성을 위해 같은 표현이나 단어가 반복되어도 제 위치에서 거듭하여 모두 각주로 설명하였다.

입시 자료 등 옛 가사작품을 부분적으로 해석한 자료나 단순히 일대일 식으로 해석해 놓은 자료는 많다. 하지만 하나의 작품을 통째로 현대어로 옮겨, 새롭게 탄생한 하나의 완성된 작품으로 즐길 수 있게 한 경우는 드물고 박인로의 가사작품은 더욱 그러하다.

현대어로 재 탄생한 박인로의 가사작품 11편으로 400여 년 전을 살아간 작가 박인로의 삶과 고민 그리고 문학적 지향을 누구나 쉽게 만나 볼 수 있기를 희망한다.

마지막으로 자료를 사용할 수 있도록 도와주신 김문기 선생님께 깊이 감사드린다.

# 목차

# 1. 노계 박인로의 생애와 가사 문학

# 1. 노계 박인로의 생애와 가사 문학

노계(蘆溪) 박인로(朴仁老 1561~1642)는 경북 영천에서 사족(士族)[1]으로 살아간 사람이다. 박인로의 증조부는 참봉을 지냈고 조부는 문반(文班) 정8품의 벼슬을 지냈고 부친은 무반(武班)의 정8품 벼슬을 지내 후대로 내려올수록 기울어지는 가세였다. 박인로는 무과에 급제해 몇몇 무관직을 지냈으나 내세울 만한 직책에 오르지는 못했다.

박인로의 행적이 처음 드러나는 것은 1592년 임진왜란이 일어난 때부터이다. "임진년(1592년)에 의분을 느껴 붓을 던지고 무기와 말을 가까이 했다"[2]라고 기록되어 있는데, 이는 박인로가 임진왜란이 일어나자 별시위(別侍衛)라는 직책으로 영천지방에서 활약하던 의병장 정세아(鄭世雅 1535~1612) 부대에 참여한 일을 말한다. 정유재란이 일어난 다음 해인 무술년(1598년)에는 경상도 좌병사였던 성윤문(成允文 1544~? )의 부대에 좌막(佐幕)이라는 직책으로 합류하게 되었다. 성윤문의 부대에 있으면서 성윤문의 권고로 〈태평사〉를 지었다는 것은 〈태평사〉 서두에 기록되어 있다.

전란이 끝난 직후인 1599년에 박인로는 39세라는 늦은 나이에 무과

---

1) 흔히 재지사족(在地士族)이라 부른다. 재지사족이란 재경(在京) 즉 서울이 아닌 지방에 살고 있으며, 이족(吏族) 즉 벼슬자리에 있지 않는 사족이라는 신분적 의미도 포함하는 용어이다.

2) "壬辰 慷慨投筆 出入戎馬間", 『노계선생문집(蘆溪先生文集)』 권지 이(卷之 二), 〈행장(行狀)〉, 정규양(鄭葵陽)

(武科)에 급제했다. 무과 급제 후 그가 지낸 직책으로는 수문장(守門將), 선전관(宣傳官), 조라포 만호(助羅浦 萬戶) 등인데 이는 변방의 말직에 해당하는 것이었다. 영의정까지 지낸 한음(漢陰) 이덕형(李德馨 1561~1613)과 알고 지내 이덕형이 박인로를 추천하려 했으나, 이덕형이 파직을 당하는 바람에 이루어지지 못했다.

> 공은 넓고 큰 재주를 지녔으나 세상에 알아주는 이가 없었다. 수행원 정도의 직책만 오르내렸기에 답답한 심정으로 즐거워하지 않고 때론 격앙하기도 했다. 전란 후에 나라에서 무관을 업신여기고 공(박인로)이 변방을 지키러 갔을 때는 세상이 크게 변하였다.[3)]

무관의 말직만을 역임한 데다가 전란 후 무관을 낮게 보는 분위기로 세상이 변하자 박인로는 오랜 고민 끝에 성리학 공부에 매진하기로 한다. 박인로가 본격적으로 성리학을 공부하기 시작한 것은 그 스스로 '늦었다'라고 말한 50세 무렵이다. 당시 영남지방에서 유학자로 이름났던 정구(鄭逑, 1543~1620), 장현광(張顯光, 1554~1637) 등을 찾아 배움을 청하거나 이언적(李彦迪 1491~1553)과 같은 옛 유학자들의 공간을 찾아 그 의미를 기리고, 영의정을 지낸 이덕형과도 가까이 지냈다.

> 일찍이 자옥산(紫玉山) 속에 들어가 회재(晦齋)가 남긴 자취를 심방하였다. 한강(寒岡) 정 선생을 사상(泗上)에서 배알 하기도 했는데 선생 또한 여러 번 칭찬 하였다. 당시 조지산(曺芝山) 장여헌(張旅軒) 두 현인이 초야에 묻혀 도의를 강론하고 있었는데 공은 자주 가서 가르침을 청하였다.(중략)
> 오직 이한음(李漢陰) 상국이 그의 기우(氣宇)와 부합되어 그를 국사(國士)로서 대

---

3) "公負材宏遠 而世無知者 浮湛褊裨間 則輒邑邑不自聊 有時激昂 難後 國家偃武公 纔遞邊守 而時事又大變矣",『노계선생문집(蘆溪先生文集)』 권지 이(卷之 二), 〈행장(行狀)〉, 정규양(鄭葵陽).

우하였다. 일찍이 명을 받들어 남쪽으로 내려 갔을 때 공의 조부 묘소에 올라 절하면서 "박모의 조부는 배알할 만하다"고 말했다. 대용(大用)으로 추천하여 혼조에 두려고 했으나 이루어지지 못하였고 곧 용진(龍津)으로 물러났다. 공은 〈사제곡〉을 지어 충효를 권면하였는데 상국이 탄복했다. 4)

박인로는 한시와 시조(단가)도 많이 지었지만 11편의 가사 작품을 남긴 대표적인 가사 작가이다. 박인로가 창작에 소질이 있었다는 것은 그가 열세 살에 지었다는 대승음(戴勝吟)이라는 시에서도 알 수 있다.

| | |
|---|---|
| 午睡頻驚戴勝吟 | 자주 낮잠을 깨우는 뻐꾸기 소리 |
| 如何偏促野人心 | 어찌하여 야인의 마음만 재촉하는가? |
| 啼彼洛陽華屋角 | 저 한양의 화려한 집들 지붕에서 울어 |
| 令人知有勸耕禽 | 밭갈이 권하는 새 있음을 알게 하여라 〈戴勝吟〉5) |

가사는 조선시대에 주로 창작하고 즐겼던 문학장르이다. 가사의 주 창작층인 사대부나 사족들은 가사뿐만 아니라 시조나 그 외 다양한 장르의 작품도 함께 창작했다. 그 중 가사는 시조라고 불리는 단가(短歌)와 달리 길이에 제한이 없다 보니, 작가가 표현하고자 하는 내용을 충분히 담을 수 있는 장르였다. 또한 한문 시(詩)와는 달리 우리 글로 쓰였기 때문에, 작품에 담은 내용을 전하고 공유할 수 있는 계층과 범위가 넓은 것이 가사였다.

---

4) 김문기, 『국역 노계집』, 역락, 1999, 102~103쪽 해석 인용.

"嘗入紫玉山中 訪晦老遺躅 拜寒岡鄭先生於泗上 先生亦亟稱焉 時芝旅兩賢林居講道 公頻往請教......惟李漢陰相國 氣宇暗符 遇之以國士 嘗奉使南下 登公祖墓而拜之曰 朴某之祖可拜也 欲推薦大用 值昏朝不果 乃退老龍津 公作莎堤操 勖以忠孝 相國歎服" 『노계선생문집(蘆溪先生文集)』 권지 이(卷之 2), 〈행장(行狀)〉, 정규양(鄭葵陽).

5) 『노계선생문집(蘆溪先生文集)』 권지 일(卷之 一), 칠언절구(七言絶句), 〈대승음(戴勝吟)〉

박인로는 1598년 〈태평사〉를 시작으로 11편의 가사 작품을 창작하였다. 박인로의 가사를 확인할 수 있는 자료집은 『노계선생문집(蘆溪先生文集)』과 『영양역증(永陽歷贈)』이고, 〈입암별곡(立巖別曲)〉과 〈소유정가(小有亭歌)〉는 개별 작품으로 발굴되었다.

박인로의 문집은 1831년 『노계집(蘆溪集)』이라는 이름으로 처음 간행되었다. 이후 세 차례 추가 간행되어 1960년 마지막으로 추가 간행할 때는 『노계선생문집』이라는 제목으로 간행되었다. 『노계선생문집』에 실린 가사 작품은 〈태평사(太平詞)〉·〈선상탄(船上歎)〉·〈사제곡(莎堤曲)〉·〈누항사(陋巷詞)〉·〈독락당(獨樂堂)〉·〈영남가(嶺南歌)〉·〈노계가(蘆溪歌)〉 7편이다.

그런데 2004년 경북 구미에서 『영양역증(永陽歷贈)』이라는 제목의 목판본 가집(歌集)이 발굴되었다. 연구 결과 『영양역증』은 간행한 사실은 전하지만 그 실체를 확인할 수 없었던 박인로의 가집(歌集)으로 판명되었다.[6]

『영양역증』은 1690년(숙종 16) 경북 영천에서 이덕형의 후손인 이윤문(李允文 1646~1717)에 의해 간행된 박인로의 가집이다. '영양(永陽)'은 경북 영천의 옛 이름이다. 이윤문은 『영양역증』의 발문(跋文)에서 자신의 선조인 이덕형과 박인로의 교유를 떠올리며 그것을 기념하고자 발간한다고 간행 경위를 밝혀 놓았다.

『영양역증』에 실린 가사 작품으로는 〈사제곡〉·〈누항사〉·〈상사곡(相思曲)〉·〈권주가(勸酒歌)〉가 있다. 이 중 〈상사곡〉과 〈권주가〉는 오직 『영양역증』에만 실린 작품이다. 〈사제곡〉과 〈누항사〉는 『노계선생문집』에도

6) 문집(文集)은 한시, 시조, 가사 등 작가가 쓴 작품 외에도 발간자들이 쓴 행장(行狀), 묘갈명(墓碣銘), 발문(跋文) 등을 종합적으로 실은 책을 말한다. 이에 비해 가집(歌集)은 가사나 시조 등 노래로 부를 수 있는 내용만을 실은 책을 말한다. 『노계선생문집』은 문집이고 『영양역증』은 가집이다.

실린 작품이나 그 내용은 두 문집 간에 적지 않은 차이가 있다. 『영양역증』 본의 〈사제곡〉과 〈누항사〉에는 『노계선생문집』 본의 〈사제곡〉과 〈누항사〉에는 없는(편찬자들이 삭제한) 구절이 그대로 실려 있어 주목된다.

따라서 〈사제곡〉과 〈누항사〉는 『노계선생문집』 본의 내용으로만 읽는 것과, 『영양역증』 본의 내용을 더하여 읽는 것은 같은 작품임에도 전체적인 내용이 조금 달라지게 된다. 두 문집 간에 〈사제곡〉·〈누항사〉의 내용에 차이가 나게된 이유는 『노계선생문집』 발간자들이 "유림전(儒林傳)"[7]과 같은 책을 만들고자 한 발간 의도와 맞지 않는 구절을 삭제했기 때문으로 연구되었다. 〈상사곡〉·〈권주가〉가 『노계선생문집』에 실리지 않은 것도 같은 이유에서이다. 〈상사곡〉·〈권주가〉는 제목부터 내용에 이르기까지 『노계선생문집』의 발간 의도와 맞지 않았기 때문에 아예 배제한 것이다.

그러므로 〈사제곡〉·〈누항사〉 두 작품을 포함한 『영양역증』에 실린 네 작품은 『노계선생문집』에 실린 가사작품에 비해 작가 박인로의 인간적인 내면이 더 진솔하게 나타난다고 볼 수 있다. 『영양역증』은 박인로보다 신분이 월등히 높았던 이덕형 집안에서 판각했기에 박인로를 의식하거나 돋보이려 삭제하거나 배제할 필요성이 없었기 때문이다.

따라서 이 책에서는 박인로의 가사 작품으로 〈상사곡〉·〈권주가〉를 포함하는 것은 물론 〈사제곡〉·〈누항사〉도 『영양역증』 본을 기본 자료로 한다. 다만 독자들의 궁금증을 해결하기 위해 〈사제곡〉·〈누항사〉의 현대어로 바꾼 작품과 원문 모두에 『영양역증』 본에만 있는 구절을 굵은 글자로 표시하여 쉽게 비교할 수 있도록 하였다.

그 외 〈소유정가〉는 1980년에, 〈입암별곡〉은 1979년에 개별적으로

---

7) "蓋此遺稿一篇。無愧幷列於儒林傳" 『노계선생문집(蘆溪先生文集)』 권지 이(卷之二), 〈발(跋)〉, 정하원(鄭夏源).

발굴되었고 학계에서는 이 두 작품을 박인로의 가사 작품으로 인정하고 있다.

그러므로 이 책에서 소개하는 박인로의 가사작품은 〈태평사〉·〈선상탄〉·〈사제곡〉·〈누항사〉·〈독락당〉·〈소유정가〉·〈영남가〉·〈상사곡〉·〈권주가〉·〈노계가〉·〈입암별곡〉 11편이다.

# 2. 박인로의 가사

# 1. 태평사

〈태평사〉는 박인로가 38세이던 1598년(선조 31) 창작한 작품으로, 확인할 수 있는 가사 작품 중에서는 가장 먼저 창작한 작품이다.[1] 『노계선생문집』의 〈태평사〉 제목 아래 이 작품을 짓게 된 배경과 계기를 밝혀 놓은 데서 알 수 있듯이, 이 작품의 내용은 임진왜란에서 시작하여 정유재란 재발과 7년간의 전쟁이 끝나기 까지 조선 전역에서 벌어졌던 전쟁의 상황이다.

〈태평사〉는 1592년(선조25) 4월 시작된 전쟁 초기 상황에서 명나라 구원군의 평양 탈환, 명나라와 왜의 담화와 휴전, 정유재란 재발과 전쟁이 끝나기 까지 조선의 상황을 전쟁에 참여해 싸웠던 박인로의 경험을 바탕으로 창작한 작품이다.

> 1592년 임진왜란 발발 후 조선과 강화가 결렬되자 1597년 일본은 14만 1,500여 명의 병력을 이끌고 다시 침략하여 남해·사천·고성·하동·광양, 구례를 거쳐 남원을 점령한 후 좌, 우군으로 나누어 좌군은 남쪽으로 우군은 충청도로 북진했다. 9월 권율·이시언의 조명 연합군은 직산에서 일본군의 북상을 막았고, 삼도수군통제사에 복귀한 이순신 역시 12척의 함선으로 300여 척의 일본수군을

---

1) 박인로의 작품은 문집에 전하는 것보다 더 많았던 것 같다. "공을 지금은 볼 수 없다. 볼 수 있는 것은 시(詩)와 문(文)인데 잃어버려서 전하지 않는다. 시는 십여 장 정도이고 문은 반도 안 되고 가(歌)는 이보다 배가 조금 넘는다"("公今不可見矣 可見者詩與文 而逸而不傳 詩僅十餘紙 文半而不及 歌稍多倍之而過"), 노계선생문집『蘆溪先生文集』, 서(序), 김유헌(金裕憲).

명량에서 대파하였다. 수륙 양면에서 몰린 일본군은 패주하여 남해안 일대에 몰려 있었다. 1598년 1월 권율 지휘하의 조선군은 울산의 가토군을 공격했고, 각 지역에서 일본군 잔당들을 섬멸했다. 11월 이순신 휘하의 수군이 노량에서 일본의 퇴로를 차단하여 해전에서 승리를 거두었다. 이 노량해전을 끝으로 일본과의 7년에 걸친 전쟁은 끝나게 되었다.[2]

전쟁 초기에 박인로는 경북 영천의 의병장 정세아(1535~1612) 아래서 의병으로 참전했고, 정유재란 발발 때는 좀 더 남쪽으로 내려가 경상좌도의 성윤문(1544~ ?) 아래에서 참전했다. 〈태평사〉는 "무술계동(戊戌季冬)" 즉 무술년(1598년)의 음력 섣달을 뜻하는 '계동'인 겨울의 끝 무렵에 지었다고 기록해 놓았다.

그러므로 〈태평사〉는 7년간의 전쟁이 끝난 직후 전쟁 과정을 기록하고, 전쟁이 끝났음에 안도하고 전쟁을 함께 치른 병사들을 위로하며, 더 이상 전쟁을 치르지 않아도 되는 태평성대를 즐기자는 바람을 담은 작품이다.

---

2) 다음 백과(https://100.daum.net/encyclopedia/view/b18a1824b008), 인용.

## 태평사

무술년(1598) 늦겨울에 부산에 주둔했던 왜적이 밤을 타 도망하였는데, 이때 공이 좌병사 성윤문의 막하에서 돕고 있었다. 병사가 이 소식을 듣고 군사를 거느리고 부산으로 가서 10여 일을 머문 후 본영으로 돌아왔는데, 다음날 공으로 하여금 이 노래를 짓게 했다.
『노계선생문집』 권3 〈태평사〉

나라가 작아 바다 동쪽에 버려졌어도
기자[3] 후 이은 풍습 예나 지금없이 돈독하여
(건국 후) 이백 년 지나도록 예의를 숭상하니
문화 제도는 한, 당, 송[4]이 되었더니
섬 오랑캐 백만이 하루아침에 쳐들어와
수 없는 놀란 영혼이 칼날에 죽으니
평원에 쌓인 뼈는 산처럼 높고
웅장한 도시 큰 읍은 왜적 소굴이 되었거늘
처량한 임금의 옥연이 서둘러 피난 가니[5]
연기와 먼지가 아득하여 햇빛이 흐려졌더니

---

3) 기자조선을 이른다. 기자조선은 한국 고대사회의 기원을 이루는 고조선의 하나로 전해진다. 성리학을 지배 이념으로 삼았던 조선시대에는 기자조선의 존재에 대해 긍정적이었으나, 지금은 부정적인 입장이 우세하다.

4) 중국의 옛날 나라 이름이다. 중국 역사상 문화가 가장 발달했다고 알려진 세 나라이다.

5) '옥연(玉輦)이 촉중(蜀中)으로 뵈와드니' 이 구절은 당나라 현종이 안녹산의 난(755~763년)을 피해 촉(蜀) 나라로 간 일에 비유한 것이다. 옥연(玉輦)은 임금이 타던 수레를 높여 부른 말이다. 1592년(선조 25년) 4월 13일 왜군이 부산포로 쳐들어와 4월 30일 선조가 한양 도성을 떠나 몽진을 간 일을 비유한 것이다. 이후 5월 2일 한양은 왜적에게 함락되었다.

무덕 뛰어난 성스러운 명나라 임금이 크게 노하여
평양에 진을 친 흉악한 무리 한칼에 다 베고[6]
(남은 무리) 남으로 몰아 바다 어귀에 던져두고
구석에 몰린 도적을 공격하지 말라는 말에 몇 해를 지냈던가
강 왼쪽[7] 일대에 외로운 구름 같던 우리 무리
우연한 때에 훌륭한 장수를 다행히 만나
오덕 밝은 (장수)[8] 아래 병졸이 되었는데
어질고 용기 지닌 영웅이 서로 말을 나누니[9]
남쪽이 점차 안정되고 병사 군마는 면밀히 강해졌네[10]
하루 저녁 명나라 조정에 큰바람 다시 이니[11]
용같은 장사와 구름같은 용맹한 병사들이
하늘 덮듯 깃발 들고 만 리에 이어지니
병사들 소리 크게 울려 산악을 뛰어오를 듯
어영청 대장[12]은

---

6) 명나라 신종은 1593년 1월에 평양에 진을 치고 있던 왜군과 싸워 평양을 탈환했다.

7) 강은 낙동강을 말하므로 강 왼쪽은 당시 경상좌도이다.

8) 정유재란 당시 박인로는 경상도 좌병사 성윤문(1544~ ?)의 좌막(佐幕)이었다. 오덕이란 박인로가 좌막으로 있던 부대의 장수인 성윤문이 갖춘 다섯 가지 덕을 말한다.

9) 명나라 심유경(沈惟敬)이 왜의 소서행장(小西行長)과 강화회의 한 것을 말한다.

10) 강화회의 동안의 휴전 기간에 무기와 함선 등을 보완하고 군사력을 증진 시킨 것을 말한다.

11) 명나라와 왜의 5년에 걸친 강화회의가 결렬되고 정유재란(1597년)이 일어난 것을 말한다.

12) 임진란 이후 군사 조직을 바꾸었는데, 훈련도감, 어영청, 총융청, 수어청, 금위영의 5군영체제가 그것이다.(최태성, 『한국사 읽기책』, 이투스북, 2022, 190쪽 참고) '어영의 대장' 즉 어영대장(御營大將)은 어영청에서 가장 높은 직책을 맡은 사람이다.

선봉을 인도하여 왜적 진지에 돌격하니
몰아치는 바람과 큰비에 벼락이 치는 듯
왜장[13] 천한 머리통도 손바닥 안에 있건마는
하늘에서 내리는 비에 병사들이 피곤커늘
잠시 포위 풀고 사기를 쉬게 하다가
도둑 무리 흩어져 달아나니 못 다 잡고 말았네
왜적 소굴을 살펴보니 견고한 듯하다마는
패해 불탔으니 (전쟁의 승패는) 지세의 험함과 무관함을 알리로다
명 황제 성스러운 덕과 우리 임금 은택이
먼 곳 가까운 곳 없이 미쳤으니
하늘이 교활한 도적을 베어 어짊과 의로움을 돕는 도다
바다에 파도 일지 않는 (때) 이젠가 하노라.
못난 우리 무리도 신하와 백성으로 있었다가
7년 전쟁[14]을 분주하다 태평 오늘 보는구나.
임금 은혜를 못 갚을까 죽어도 좋다는 마음 갖고
병기 던지고 창 놓고 세류영[15] 돌아들 때
태평소 높은 소리에 북과 나팔 소리 섞여 나니
물속 깊은 곳의 물고기와 용이 다 우는 듯
장수 깃발 펼쳐 휘날려 서풍을 타니
오색 상서로운 구름 한 조각이 하늘 가운데 떨어진 듯

13) 왜장 가등청정(加藤清正 1562~1611)을 이른다.

14) 〈태평사〉는 정유재란이 끝나던 1598년에 지은 작품이다. 임진왜란, 정유재란을 합쳐 7년간 치른 왜와의 전쟁을 말한다.

15) 군기가 엄중한 군영을 이른다. 중국 전한 때 흉노의 침입을 막기 위해 임명된 세 명의 장수 중 주아부( ?~기원전 143)는 세류영을 담당했다. 황제가 방문했을 때 다른 두 장수의 군영이 쉽게 성문을 연 것과 달리, 주아부의 세류영은 군사권을 제시하기 전에는 문을 열지 않을만큼 엄격했다는 데서 기원한다.

태평한 모양이 더욱 반갑구나
활과 화살을 높이 들고 개선가를 부르니
기쁨에 다투어 내지르는 소리 푸른 하늘에 어우러진다
삼 척 서릿발 칼을 흥 겨워 둘러메고
얼굴 들고 길게 휘파람 불며 춤을 추려 일어서니
하늘이 내린 용의 빛이 북두성 견우성 사이에 쏘이네
손으로 춤 추고 발로 밟으며 절로 절로 즐거우니
칠덕[16] 노래, 칠덕 춤 그칠 줄 모르노라
인간 즐거운 일이 이 같은 일 또 있는가
화산[17]이 어디오 이 말을 보내고져
천산[18]이 어디오 이 활을 높이 걸자
이제야 할 일이 충효 한 가지 뿐이로다
병영에 일이 없어 긴 잠 들어 누웠으니
묻노라 이날이 언제던가
희황[19] 성세를 다시 본가 여기노라
하늘에서 나쁜 비 내리지 않으니 해 더욱 밝다
해가 밝으니 온 세상에 다 비추는구나[20]

---

16) 무(武)의 일곱 가지 덕인 금폭(禁暴-폭력을 금하다), 즙병(戢兵 - 무기와 병사를 거두어들이다), 보대(保大 -보호하다), 정공(定功 - 공을 세우다), 안민(安民 - 백성을 편안케 하다), 화중(和衆 - 화합하는 사회를 만들다), 풍재(豊財 - 풍년으로 재물을 갖추다)를 말하는 것이다.

17) 중국 주나라 무왕이 전쟁을 끝내고 다시 타지 않겠다며 말을 보낸 산 이름이다.

18) 중국 변방에 있는 산 이름이다. 활을 건다는 것은 더이상 전쟁을 않는다는 뜻이다.

19) 희황(羲皇)은 흔히 복희씨(伏羲氏)로 불리는 삼황오제(三皇五帝) 중 으뜸으로 꼽는 중국 고대 전설상의 제왕이다. 짐승을 길들이고 음식을 익혀 먹는 법과 낚시하는 법, 철로 무기를 만들어 사냥하는 법을 백성에게 가르쳤으며 결혼제도를 만들었다고 알려진다.

20) 해는 임금을 상징하므로, "해가 밝다"는 것은 "임금의 은혜가 크다"는 의미이다.

도랑과 골짜기 곳곳에 흩어져 있던 늙고 병든 이들이
봄바람에 새로 온 제비같이 옛집을 찾아오니
고향을 못 잊는 마음에 누가 아니 반기리
여기서 머물고 거처하는 즐거움 어떠한가
살아남은 영혼들아 임금 은혜인 줄 아는가
임금의 은혜 깊은 아래 오륜을 밝혀라
잘 가르치고 잘 살게 하시니 절로 아니 나아가랴
천운의 순환을 알 것입니다 하느님은
우리나라 도와주어 만세무강 누리게 하소서
당우 천지에 삼대의 밝은 달 비추소서[21]
만 년 지나도록 전쟁을 그치게 하소서
밭 갈고 우물 파며 격양가[22]를 부르게 하소서
우리도
성군을 모시고 태평성대 함께 즐기리라

---

21) '당우(唐虞)'의 당(唐)은 도당씨(陶唐氏) 즉 중국 고대의 요(堯)임금이고, 우(虞)는 유우씨(有虞氏) 즉 순(舜)임금을 이르는 말이다. 그러므로 '당우천지(唐虞天地)'란 요임금과 순임금이 다스리던 시대를 말하는 것이다.
'삼대명월(三代日月)'이란 중국 고대 하(夏)나라, 상(商)나라, 주(周)나라 시대를 이른다.

22) 풍년이 되어 농부가 태평한 세월을 즐기며 부르는 노래이다. 중국 고대 요(堯) 임금이 다스리던 시대에 백성들이 태평성세를 즐기며 부르던 노래 '격양가'에서 유래했다.

## 〈太平詞〉

"戊戌季冬 釜山屯賊 乘夜奔潰 時 公佐左兵使成允文幕 兵使聞卽率軍馳到 釜山 留十餘日後還到本營 明日 使之作此歌"
『蘆溪先生文集』 卷之 三 〈太平詞〉

나라히 偏小ᄒᆞ야 海東애 ᄇᆞ려셔도
箕子 遺風이 古今업시 淳厚ᄒᆞ야
二百 年來예 禮義을 崇尙ᄒᆞ니
衣冠 文物이 漢唐宋이 되야써니
島夷 百萬이 一朝애 衝突ᄒᆞ야
億兆 驚魂이 칼빗ᄎᆞᆯ 조차나니
平原에 사힌쎼ᄂᆞᆫ 뫼두곤 노파잇고
雄都 巨邑은 豺狐窟이 되얏거ᄂᆞᆯ
凄凉 玉輦이 蜀中으로 뵈와드니
烟塵이 아득ᄒᆞ야 日色이 열워써니
聖天子 神武ᄒᆞ샤 一怒를 크게내야
平壤 羣兇을 一劒下의 다버히고
風驅 南下ᄒᆞ야 海口에 더져두고
窮寇을 勿迫ᄒᆞ야 몃몃ᄒᆡ를 디내연고
江左 一帶예 孤雲갓ᄒᆞᆫ 우리물이
偶然 時來예 武侯龍을 幸혀만나
五德 ᄇᆞᆯ근아래 獵狗몸이 되야써가
英雄 仁勇을 喉舌에 섯겨시니
炎方이 稍安ᄒᆞ고 士馬精强 ᄒᆞ야써니

皇朝 一夕에 大風이 다시이니
龍ᄀᆞᆺᄒᆞᆫ 將師와 구름ᄀᆞᆺᄒᆞᆫ 勇士들이
旌旗 蔽空ᄒᆞ야 萬里예 이어시니
兵聲이 大振ᄒᆞ야 山岳을 ᄽᅴ엿ᄂᆞᆫ ᄃᆞᆺ
兵房御營 大將은
先鋒을 引導ᄒᆞ야 賊陣에 突擊ᄒᆞ니
疾風 大雨에 霹靂이 ᄌᆞ치ᄂᆞᆫ ᄃᆞᆺ
淸正 小竪頭도 掌中에 잇것마ᄂᆞᆫ
天雨 爲祟ᄒᆞ야 士卒이 疲困커ᄂᆞᆯ
져근ᄃᆞᆺ 解圍ᄒᆞ야 士氣을 쉬우더가
賊徒ㅣ 犇潰ᄒᆞ니 못다잡아 말년제고
窟穴을 구어보니 구든덧도 ᄒᆞ다마ᄂᆞᆫ
有敗 灰燼ᄒᆞ니 不在險을 알니로다
上帝 聖德과 吾王 沛澤이
遠近업시 미쳐시니
天誅 猾賊ᄒᆞ야 仁義를 돕ᄂᆞᆫ ᄯᅩ다
海不揚波 이젠가 너기로라
無狀ᄒᆞᆫ 우리물도 臣子되야 이셔다가
七載를 奔走터가 太平오ᄂᆞᆯ 보완디고
君恩을 못갑흘가 敢死心을 가져이셔
投兵 息戈ᄒᆞ고 細柳營 도라들제
太平簫 노픈 솔의예 鼓角이 섯겨시니
水宮 깁흔곳의 魚龍이 다우ᄂᆞᆫ ᄃᆞᆺ
龍旗 偃蹇ᄒᆞ야 西風에 빗겨시니
五色祥雲 一片이 半空애 ᄺᅥ러딘ᄃᆞᆺ

太平 模樣이 더옥ᄒᆞ나 반가올사
揚弓 擧矢ᄒᆞ고 凱歌를 아뢰오니
爭唱 歡聲이 碧空애 얼ᄒᆡᄂᆞ다
三尺 霜刃을 興氣계워 둘러메고
仰面 長嘯ᄒᆞ야 춤을추려 이러셔니
天寶 龍光이 斗牛間의 소이ᄂᆞ다
手之舞之 足之蹈之 절노절노 즐거오니
歌七德 舞七德 그칠줄 모ᄅᆞ로다
人間樂事ㅣ 이ᄀᆞᆺᄒᆞ니 ᄯᅩ인ᄂᆞᆫ가
華山이 어ᄃᆡ오 이말을 보내고져
天山이 어ᄃᆡ오 이활을 노피거쟈
이제야 ᄒᆞ올일이 忠孝一事 ᄲᅮᆫ이로다
營中에 일이업셔 긴ᄌᆞᆷ드러 누어시니
뭇노라 이날이 어ᄂᆡ적고
羲皇 盛時를 다시본가 너기로라
天無 淫雨ᄒᆞ니 白日이 더욱ᄇᆞᆰ다
白日이 ᄇᆞᆰ그니 萬方애 비최노다
處處 溝壑애 흐터잇던 老羸드리
東風 新燕가치 舊巢을 ᄎᆞ자오니
首丘 初心에 뉘아니 반겨ᄒᆞ리
爰居 爰處에 즐거옴이 엇더ᄒᆞ뇨
孑遺 生靈들아 聖恩인줄 아ᄂᆞᄉᆞᆫ다
聖恩이 기픈아ᄅᆡ 五倫을 발켜ᄉᆞ라
教訓 生聚ㅣ라 절로아니 닐어가랴
天運 循環을 아옵게다 하ᄂᆞ님아

佑我 邦國ᄒᆞ샤 萬世無疆 누리소셔
唐虞 天地에 三代日月 비촤소셔
於萬 斯年에 兵革을 그치소셔
耕田 鑿井에 擊壤歌을 불니소셔
우리도
聖主을 뫼ᄋᆞᆸ고 同樂太平 ᄒᆞ오리라

## 2. 선상탄

〈선상탄〉는 작품의 서두에서 '을사(乙巳)'로 연도를 밝힌 것에서 알 수 있듯이 박인로가 45세이던 1605년(선조 38) 창작한 작품이다. 배경이 되는 장소는 '진동영(鎭東營)'으로 나와 있으나 어디인 지는 정확히 알 수 없고, 다만 제목 아래 설명에서 '부산(釜山)'이라 했으므로 '진동영'은 지금의 부산이나 그 근방이 아닐까 생각한다.

〈선상탄〉의 화자는 지금의 해군인 수군의 '통주사(統舟師)' 직책을 맡아 대마도가 굽어보이는 바닷가에 내려와 임진왜란을 상기하며 언제 또 있을지 모르는 왜적의 침략을 걱정하고 그에 대비하는 군인으로서의 용맹함도 보인다. 하지만 궁극적으로는 왜적의 침략에 대한 걱정이 완전히 해소되어 전쟁하는 배가 아닌 느긋이 고기 잡이 배를 즐기는 태평한 세월을 염원하는 바람을 담은 작품이 〈선상탄〉이다.

화자는 수군이다 보니 배 위에서 전쟁을 치러야 한다는 생각 때문에 배를 처음 만든 것을 탓하다가, 진시황이 불로초를 구하기 위해 많은 남녀들을 섬으로 보내 결국 왜적을 만들게 했다는 원망을 하고, 불로초를 구하러 간 서씨가 자기 나라로 돌아가지 않았던 일까지 떠올리는 장면이 흥미롭게 읽힌다.

이처럼 통주사 임무를 맡은 박인로가 왜적의 침입을 걱정하는 것은 의병으로 7년간의 전쟁을 몸소 치렀던 경험이 크게 작용했다고 볼 수 있다. 〈태평사〉에서 나타낸 것처럼 '7년 전쟁을 분주히 싸운(七載를 奔走터가)'

경험이 있는 박인로가 일본 대마도가 굽어 보이는 곳에서 근무하고 있으니 전쟁 재발에 대한 염려가 크게 느껴지는 것이다. 또 그러면 그럴 수록 태평한 시대, '바다에 파도가 일지 않는 성스러운 시대(聖代 海不 揚波)'를 바라게 되고 그러한 배 위에서의 탄식과 바람을 담은 작품이 〈선상탄〉이다.

## 〈선상탄〉

나라 남쪽에 우환이 생기자 공을 통주사로 선정했다. 부산으로 내려간 공이 배에 임하여 이 곡을 지었다.

늙고 병든 몸을 (통)주사[1])로 보내셔서
을사 여름에 진동영 내려오니
변방 중요한 곳에 병이 깊다 앉았으리
일장검 비스듬히 차고 병선에 굳이 올라
힘주어 눈 부릅뜨고 대마도를 굽어보니
바람 좇은 누런 구름은 멀리 가까이에 쌓여있고
아득한 푸른 물결은 긴 하늘과 한 빛일세
배 위에 배회하며 예와 지금을 생각하고
어리석고 미친 생각에 헌원씨[2])를 원망하노라
대양이 망망하여 사방에 둘러 있으니
진실로 배 아니면
물결치는 만 리 밖의 어느 오랑캐 엿볼런고
무슨 일 하려고 배 만들기를 시작했나
오랜 후에 끝 모를 큰 폐해 되어
넓은 하늘 아래 만민의 원망 기르는구나
아아, 깨달으니 진시황[3])의 탓이로다

---

1) 주사(舟師) 즉 통주사(統舟師)는 작가 박인로가 당시 역임한 조선 수군(해군)의 직책 중 하나이다.

2) 황제 헌원씨(黃帝 軒轅氏)는 중국 신화에 나오는 제왕으로 배와 수레를 발명하는 등 문명을 펼쳤다고 알려진다.

3) 진나라 시황제 영정(嬴政 기원전 259~기원전 210)은 전국시대 진(秦)나라의 제

배 비록 있다 하나 왜를 아니 생기게 했던들
일본 대마도로 빈 배 절로 나올런까
누구 말을 믿어 듣고
젊은 남자 젊은 여자를 그토록 데려다가
바다의 모든 섬에 감당하기 어려운 적을 생기게 하니
원통하고 분한 치욕이 중국에 다 미치는구나[4)]
오래 살 불사약을 얼마나 얻어 내어
만리장성 높이 쌓고 몇백 년을 살았던가
남처럼 죽어가니 유익한 줄 모르로다
아아, 생각하니 서시[5)] 등이 너무 심하다
신하가 되어서 망명 갈 수 있는 것인가
신선을 못 봤거든 빨리나 돌아왔다면
주사[6)] 이 시름은 전혀 없었을 것인데
두어라
이왕 지나간 일이라 말해 무엇하리
속절없는 시시비비를 팽개쳐 던져두자
깊이 생각하여 깨달으니 내 뜻도 고집스럽구나
황제가 배와 수레 만든 것이 잘못인지 모르겠다

---

31대 왕으로, 춘추전국 시대를 끝내고 중국을 역사상 최초로 통일한 왕이다. 그는 자신을 일러 '최초의 황제'라는 의미로 '시황제(始皇帝)'라고 했다.

4) 진시황이 불사약 구하러 보낸 사람들이 중국으로 돌아가지 않고 남아 결국 왜적이 되었고, 그 왜적들에게 당하는 괴로움 때문에 결국은 중국을 원망하게 된다는 의미이다.

5) 서복(徐福), 또는 서불을 이른다. 서복은 중국 진(秦)나라 사람으로 『사기(史記)』 권6 「진시황본기(秦始皇本紀)」에 진시황의 명에 따라 불사약을 찾으러 간 인물로 나온다.

6) 주사(舟師) 즉 통주사(統舟師)는 작가 박인로가 당시 역임한 조선 수군(해군)의 직책 중 하나이다.

장한이 강동 갈 때[7] 가을바람을 만났으나
조각배 안 탔다면
하늘 맑고 바다 넓다 한들 어느 흥이 절로 나며
삼공도 안 바꿀 이 좋은 자연에[8]
부평초 같은 어부 생애를
작은 배 아니면 어디 의지해 다닐런고
이런 일 보건데 배 만든 제도야
지극히 묘한 듯하다만 어찌하여 우리 무리는
나는 듯한 판옥선[9]을 밤낮없이 올라 타고
바람 맞고 달보며 읊조려도 흥이 전혀 없는게오
예전 배에는 술잔이 어지러이 흩어졌더니
오늘 배에는 큰 칼, 긴 창 뿐이로다
같은 배이지만 가진 바 다르니
그 사이의 근심과 즐거움이 서로 같지 못 하도다
때때로 머리 들어 북진[10]을 바라보며
어지러운 때 늙은이 눈물을 하늘 한쪽에 떨구누나
우리 동방 문물이 한, 당, 송에 지랴마는

---

7) '장한 강동거(張翰 江東去)'란 중국 진나라 사람 장한이 가을이 되자 자기 고향의 음식이 먹고 싶다며 벼슬을 버리고 고향으로 돌아간 것을 말한다.

8) 삼공(三公)이란 삼정승 즉, 영의정·좌의정·우의정의 높은 관직을 말하는 것으로, 삼공직과 바꾸지 않을 정도로 자연을 좋아한다는 뜻이다. 이와 유사한 표현은 〈소유정가〉와 〈노계가〉에도 나타나며 〈사제곡〉에서는 "삼공불환 차강산(三公不換 此江山)"으로 나타난다.

9) 판옥선(板屋船)은 조선 중기 때 주로 사용하던 군선이다. 아래층의 노군과 상판의 전사들을 분리한 2층 구조로 임진왜란 때 수군이 완승할 수 있는 원동력이 되었다.

10) 북진(北辰)은 북극성 방향, 즉 임금 계신 곳을 말한다. 이와 유사한 표현은 〈사제곡〉과 〈노계가〉에도 나타난다.

국운이 불행하여
바다 도적 흉모에 오랜 수치를 안고 있어
백 분에 한 가지도 못 씻어 버렸거늘
이몸이 못났던들 신하가 되어 있으니
궁달의 길이 달라[11] 못 모시고 늙었던들
나라 위한 충성심이야 어느 때에 잊을런고
의기에 분개하는 장한 기운은 늙을수록 더하다만
조그마한 이 몸이 병에 들었으니
분 풀고 부끄러움 씻음이 어려울 듯 하지만,
그러나 죽은 제갈도 살아있는 중달을 멀리 쫓고[12]
발 없는 손빈도 방연을 잡았거든[13]
하물며 이 몸은 손 발이 갖추어져 있고
목숨이 붙어 있으니
쥐, 개 같은 도적을 조금이라도 두려워 할소냐
빠른 배에 달려들어 앞선 병졸을 공격하면
구시월 서릿바람에 낙엽같이 해치리라
칠종칠금[14]을 우린들 못 할 것인가

---

11) '궁달(窮達) 즉 빈궁함과 영달함의 길이 다르다'는 표현은 작가 박인로의 다수의 작품에서 자주 등장하는 구절이다. 그가 몇몇 무관직을 역임했으나 영달한 지위까지는 오르지 못했다는 자책을 드러낼 때 자주 쓰는 표현이다.

12) 제갈(諸葛) 즉 제갈량(諸葛亮)과 중달(仲達) 즉 사마의(司馬懿)는 나관중의 『삼국지연의(三國志演義)』에 나오는 인물이다. 제갈량이 죽기 직전에 남긴 계책으로 만든 제갈량의 목상(木像)을 보고 제갈량이 아직 살아있는 줄 알고 사마의가 도망친 일을 말한다.

13) 손빈과 방연은 사마천의 『사기열전(史記列傳)』에 나오는 인물이다. 방연에게서 두 발이 잘린 손빈(손자)이 뛰어난 책략으로 방연을 이긴 일을 말한다.

14) 나관중의 『삼국지연의(三國志演義)』에 나오는 말로, 제갈량이 맹획을 일곱 번 잡고 일곱 번 놓아준 일을 말한다.

어리석은 섬나라 오랑캐들아 어서 항복하여라
항복한 자 죽이지 않으니 너를 굳이 섬멸하랴
우리 임금의 성스러운 덕이 함께 살자 하시니라
태평천하에 요순[15] 백성 되어 있고
임금 덕은 아침에서 다시 아침으로 이어 빛나거든
전선 타던 우리 몸도 어선에서 늦도록 노래하고
가을 달 봄바람에 높이 베고 누워서
성스러운 시대
바다에 파도 일지 않는 것을 다시 보려 하노라

15) 고대 중국 요임금과 순임금이다.

〈船上歎〉

時 國家尙憂南陲 選公統舟師 赴防釜山公 臨船作此曲

늘고 病든몸을 舟師로 보ᄂᆡ실ᄉᆡ
乙巳 三夏애 鎭東營 ᄂᆞ려오니
關防 重地예 病이깁다 안자실랴
一長劍 비기ᄎᆞ고 兵船에 구테올나
勵氣 瞋目ᄒᆞ야 對馬島을 구어보니
ᄇᆞ람조친 黃雲은 遠近에 사혀잇고
아득ᄒᆞᆫ 滄波ᄂᆞᆫ 긴하ᄂᆞᆯ과 ᄒᆞᆫ빗칠쇠
船上에 徘徊ᄒᆞ며 古今을 思憶ᄒᆞ고
어리미친 懷抱애 軒轅氏를 애ᄃᆞ노라
大洋이 茫茫ᄒᆞ야 天地예 둘려시니
진실로 ᄇᆡ아니면
風波 萬里밧긔 어ᄂᆡ四夷 엿볼넌고
무ᄉᆞᆷ일 ᄒᆞ려ᄒᆞ야 ᄇᆡ못기를 비롯ᄒᆞᆫ고
萬世 千秋에 ᄀᆞ업ᄉᆞᆫ 큰弊되야
普天 之下애 萬民怨 길우ᄂᆞ다
어즈버 ᄭᆡᄃᆞ라니 秦始皇의 타시로다
ᄇᆡ비록 잇다ᄒᆞ나 倭를아니 삼기던들
日本 對馬島로 뷘ᄇᆡ졀로 나올넌가
뉘말을 미더듯고
童男 童女를 그ᄃᆡ도록 드려다가

海中 모든셤에 難當賊을 기쳐두고
痛憤ᄒᆞᆫ 羞辱이 華夏애 다밋나다
長生 不死藥을 얼ᄆᆡ나 어더ᄂᆡ여
萬里長城 놉히사고 몃萬年을 사도썬고
ᄂᆞᆷ되로 죽어가니 有益ᄒᆞᆫ줄 모ᄅᆞ로다
어즈버 ᄉᆡᆼ각ᄒᆞ니 徐市等이 已甚ᄒᆞ다
人臣이 되야셔 亡命도 ᄒᆞᄂᆞᆫ것가
神仙을 못보거든 수이나 도라오면
舟師 이시럼은 견혀업게 삼길럿다
두어라
旣往 不咎라 일너무엇 ᄒᆞ로소니
쇽졀업ᄉᆞᆫ 是非를 후리쳐 더뎌두쟈
潛思 覺寤ᄒᆞ니 내ᄠᅳᆺ도 固執고야
黃帝 作舟車ᄂᆞᆫ 왼줄도 모ᄅᆞ로다
張翰 江東애 秋風을 만나신들
扁舟곳 아니타면
天清 海濶ᄒᆞ다 어ᄂᆡ興이 졀로나며
三公도 아니밧골 第一 江山애
浮萍ᄀᆞᆺᄒᆞᆫ 漁父 生涯을
一葉舟 아니면 어듸부쳐 ᄃᆞᆫ힐ᄂᆞᆫ고
일언닐 보건ᄃᆡᆫ ᄇᆡ삼긴 制度야
至妙ᄒᆞᆫ덧 ᄒᆞ다마ᄂᆞᆫ 엇디ᄒᆞᆫ 우리물은
ᄂᆞᄂᆞᆫ듯ᄒᆞᆫ 板屋船을 晝夜의 빗기ᄐᆞ고
臨風 咏月호ᄃᆡ 興이젼혀 업ᄂᆞᆫ게오
昔日 舟中에ᄂᆞᆫ 杯盤이 狼藉터니

今日 舟中에ᄂᆞᆫ 大劍長鎗 ᄲᅮᆫ이로다
ᄒᆞᆫ가지 ᄇᆡ언마ᄂᆞᆫ 가진ᄇᆡ 다라니
其間 憂樂이 서로ᄀᆞᆺ지 못ᄒᆞ도다
時時로 멀이드러 北辰을 ᄇᆞ라보며
傷時 老淚ᄅᆞᆯ 天一方의 디이ᄂᆞ다
吾東方 文物이 漢唐宋애 디랴마ᄂᆞᆫ
國運이 不幸ᄒᆞ야
海醜 兇謀애 萬古羞을 안고이셔
百分에 ᄒᆞᆫ가지도 못시셔 ᄇᆞ려거든
이몸이 無狀ᄒᆞᆫᄃᆞᆯ 臣子ㅣ 되야 이셔다가
窮達이 길이달라 몬뫼ᄋᆞᆸ고 늘거신ᄃᆞᆯ
憂國 丹心이야 어ᄂᆡ刻애 이즐넌고
慷慨계운 壯氣ᄂᆞᆫ 老當益壯 ᄒᆞ다마ᄂᆞᆫ
됴고마ᄂᆞᆫ 이몸이 病中에 드러시니
雪憤 伸冤이 어려올ᄃᆞᆺ ᄒᆞ건마ᄂᆞᆫ
그러나 死諸葛도 生仲達을 멀리좃고
발업ᄉᆞᆫ 孫臏도 龐涓을 잡아거든
ᄒᆞ믈며 이몸은 手足이 ᄀᆞ자잇고
命脉이 이어시니
鼠竊 狗偸을 저그나 저흘소냐
飛船에 ᄃᆞᆯ려드러 先鋒을 거치면
九十月 霜風에 落葉가치 헤치리라
七縱 七擒을 우린ᄃᆞᆯ 못ᄒᆞᆯ것가
蠢彼 島夷들아 수이乞降 ᄒᆞ야ᄉᆞ라
降者 不殺이니 너를구ᄐᆡ 殲滅ᄒᆞ랴

吾王 聖德이 欲并生 ᄒᆞ시니라
太平 天下애 堯舜君民 되야이셔
日月 光華ᄂᆞᆫ 朝復朝 ᄒᆞ얏거든
戰船ᄐᆞ던 우리몸도 魚舟에 唱晩ᄒᆞ고
秋月 春風에 놉히베고 누어이셔
聖代
海不 揚波ᄅᆞᆯ 다시보려 ᄒᆞ노라

## 3. 사제곡

〈사제곡〉의 창작 경위는 『노계선생문집』과 『영양역증』에 모두 기록되어 있으나 그 내용은 좀 다르다. 『노계선생문집』에는 박인로가 이덕형을 '대신'하여 지었다고만 기록되어 있는 반면, 『영양역증』에는 '만력 신해년(1611) 봄'이라는 창작 시기와 함께 한음대감의 '명(命)'으로 지었다고 기록되어 있다.

대작(代作)이든 명작(命作)이든 〈사제곡〉의 창작 계기가 이덕형의 제의에 의한 것이며, 이로써 〈사제곡〉은 박인로와 이덕형이 교유한 것이 사실임을 증명하는 작품이기도 하다. 〈사제곡〉과 관련하여 박인로와 이덕형이 '용진(龍津)의 산수(山水) 사이'에서 교유한 일은 『노계선생문집』에서 최옥의 〈발문〉으로 확인할 수 있다.

> "공이 젊었을 때 한음 상공을 따라 나라를 경영하는 계획을 도우며 지혜가 상대할 만하다고 인정받아 서로 함께 용진의 산수 사이에서 시가를 주고 받으며 불렀다"[1)]

그러므로 〈사제곡〉은 박인로가 '사제'에 머무는 이덕형의 뜻과 지향을 잘 알고 또 그의 의견을 충분히 반영하여 창작한 가사 작품이다.[2)]

---

1) "公少也從漢陰相公 贊經國之謨 有知遇之感 相與酬唱於龍津山水間", 『노계선생문집(蘆溪先生文集)』 권지 이(卷之 二) 〈발(跋)〉, 최옥(崔鋈)

2) 김성은, 「노계 박인로 가사의 공간 연구」, 경북대학교대학원 박사학위논문,

〈사제곡〉의 내용은 임금의 총애를 받으며 열심히 조정의 일을 하던 화자에서 시작하여 벼슬을 그만두고 사제로 내려가 은자(隱者)의 모습으로 현실적인 생활을 영위하며 늙은 부모에게 효를 다하려는 다짐으로 끝난다. 그러므로 〈사제곡〉에는 서울에서 사제까지 공간의 이동과, 관료에서 은자로 전환하는 신분의 변화, 충의 실현에서 효의 실현으로 이동하는 지향의 변화 과정이 순차적으로 나타나 있다.3)

서울에서 사제를 찾아 나서는 것에서 시작하여 사제에 정착하는 모습, 고위 관료였다가 자연 속에서 숨어 살아가는 모습까지 〈사제곡〉에는 이덕형의 변화 과정을 지켜본 박인로의 시선이 잘 나타난다.

이러한 〈사제곡〉의 내용은 한음 이덕형이 사제에 별도의 집을 짓고 노부모를 봉양하였던 일이나 1613년 벼슬에서 물러났던 일 등과 일치한다.4)

그리고 바로 뒤에 나올 〈누항사〉보다는 그 양이 적지만, 『영양역증』 본 〈사제곡〉에는 『노계선생문집』 본 〈사제곡〉에 빠진 구절이 포함되어 있다. 비교할 수 있도록 굵은 글씨로 표시하였다.

---

2013, 69쪽 참고.

3) 김성은, 「〈사제곡〉의 의미 구조 연구-통로 기능의 詞를 중심으로」, 『어문학 제116집』, 한국어문학회, 2012, 179쪽 참고.

4) 한음 이덕형(1561~1613)은 용진에 대아당(大雅堂)이라는 별저(別邸, 별장)를 지어두고 때때로 찾곤 했다. 이덕형은 영의정을 지내던 1613년(광해군 5) 영창대군과 관련한 일로 사직되자 용진에 들어가 지냈다. 사직된 일과 나라에 대한 걱정 등으로 사제에서 지낸지 몇 달 만에 그곳에서 생을 마감했다.

## 〈사제곡〉

만력 신해년(1611) 봄 한음 대감의 명으로 이 노래를 지었다. 경치가 뛰어난 사제라는 지명은 용진강 동쪽 오 리쯤 대감의 강정[5]이 있는 곳이다.
『영양역증』 〈사제곡〉

사제는 지명으로 용진강 동쪽 오 리쯤에 있다. 즉, 한음 이상공이 거처한 강정이 있는 곳이다. 공이 상공을 대신하여 이 노래를 지었다.
『노계선생문집』 권 3 〈사제곡〉

어리석고 못난 몸에 임금 총애 이미 지극하니
몸소 굽혀 일함에 죽어도 좋다는 마음으로
새벽에서 밤까지 게으름 없이 밥을 잊고 궁리한들
관솔에 켠 불로 일월 밝음을 도울런가[6]
도움 안 되면서 자리만 차지해 몇 해나 지냈던가.
늙고 병이 들어 물러날 허락을 얻어서
한강 동쪽으로 물과 산을 찾아
용진강[7] 지나올라 사제[8] 안 돌아드니

---

5) 강정(江亭)이란 용진강 가에 지었던 한음 이덕형(李德馨 1561~1613)의 별저(別邸)를 말한다. 별저란 원래 사는 집 외에 휴양이나 요양을 위해 따로 마련한 집을 말한다.

6) "관솔에 붙은 작은 불 정도로 해와 달같이 밝은 임금을 잘 도울 수 있을 것인가"라는 의미로 해석할 수 있다. 관솔은 송진이 많이 엉긴 소나무의 가지나 옹이를 말한다.

7) 북한강을 말한다.

8) 지금의 남양주시 조안면 송촌리이다. 이 마을 앞으로 북한강이 흐른다.

최고의 자연이 임자 없이 버려져 있네
평생 꾸던 꿈이 나를 오라하여 그랬던가
물빛 산색이 옛 모습 다시 본 듯
무정한 자연도 정이 있어 보이는구나
흰 모래 물가 언덕에 노을이 펼쳐있고
삼삼오오 섞어 노는 저 흰 갈매기야
너에게 말 묻자 놀라지 말아라
이 뛰어나게 아름다운 곳을 어디라고 들었느냐
푸른 물결 넘치니 위수[9] 이천[10] 아닌게오
산 봉우리 남다르게 수려하니 부춘[11] 기산[12] 아닌게오
숲 깊어 길 어둑하니 회옹 운곡[13] 아닌게오
샘 달고 흙 비옥하니 이원 반곡[14] 아닌게오
**속세는 멀고 사람 모두 가고 없어**
**오랜 세월 고독한 자취 아득히 그쳤으니**
이리저리 다니며 생각하되 어디인지 나 몰라라
언덕의 지초 물가의 난초는 맑은 향 풍기며
멀리 가까이에 이어 있고
남쪽 도랑 동쪽 시내에 떨어진 꽃잎 가득 잠겼거늘

9) 위수(渭水)는 강태공이 낚시한 강이다.
10) 중국 송나라의 독학자인 정이(程頤)가 살았던 곳의 시내를 말한다.
11) 후한(後漢)의 엄광(嚴光) 즉, 엄자릉(嚴子陵)이 광무제의 관직 제의를 마다하고 들어가 숨어 산 산 이름이다.
12) 요 임금 때 소부·허유가 벼슬을 마다하고 숨어서 살아간 산 이름이다.
13) 회옹(晦翁)은 주희(朱熹, 1130 ~ 1200)의 호이며, 운곡(雲谷)은 주희가 독서하던 곳이다.
14) 당나라 사람 이원(李愿)이 은거한 반곡(盤谷)을 이르며, 반곡(盤谷)은 은거지를 비유할 때 흔히 쓰인다.

가시덤불 헤쳐 들어 띠 집 몇 간 지어 놓고
흰머리 부모님을 모시고 효를 다 하려고
여기 있고 여기 사니 이 강산의 임자로다
삼공과 이 강산을 안 바꾼다는 말은 어찌 하는 말인가[15)]
**나는 말없이 쉽게도 바꾸었구나**
**생활비도 마련해야지만 미루어 걱정없이 있노라**
어지러운 갈매기와 해오라기, 수 없는 고라니와 사슴을
나 혼자 거느려 여섯가지 가축을 삼았거든
값 없는 자연은 절로 내 것 되었으니
남과 다른 부귀는 이 한 몸에 가졌구나
이 부귀 가지고 저 부귀 부러워 할소냐
부러워할 줄 모르거든 가까이할 줄 알리런가
속세도 멀어지니 세상일을 듣고 볼소냐
피는 꽃 지는 잎 아니면 어느 계절을 알리런고
중은암[16)] 쇠북 소리 계곡 바람에 섞여 날아
매화 핀 창에 이르니 낮잠을 갓 깨어
병든 눈으로 열어보니 밤비에 갓 핀 가지
그윽한 향을 보내와 봄철을 알리네
봄옷을 서둘러 입고 아름다운 경치 한창일 때
청려장[17)] 쥐고 아이 여섯 일곱 불러내어
속잎 난 잔디 위를 천천히 걸어서

---

15) 삼공(三公)이란 삼정승 즉, 영의정·좌의정·우의정의 높은 관직을 말하는 것으로, 삼공직과 바꾸지 않을 정도로 자연을 좋아한다는 뜻이다. 이와 유사한 표현은 〈선상탄〉, 〈소유정가〉, 〈노계가〉에도 나타난다.
16) 한음 이덕형의 묘소가 있는 경기도 양평군 양서면 목왕리에 있었던 사찰이다.
17) 명아주 나무로 만든 지팡이를 말한다.

맑은 강에 발을 씻고 둔덕에 바람 쐬고
흥을 타고 돌아오니
'무우 영이귀'[18]를 조금이나 부러워 할까
봄 흥이 이렇거든 가을 흥이라 적을런가
가을바람 솔솔 마당가를 지나며 부니
오동 지는 잎이 어두운 귀를 놀라게 하네
불어오는 가을바람을 마음에 문득 반겨
낚싯대를 둘러메고 붉은 여뀌 숲을 헤쳐 내려가
작은 배를 풀어 놓아
바람으로 돛 삼고 물결로 노 삼아 가는 대로 놓아 두니
앞 여울로 흘러내려 얕은 물가에 오는구나
석양도 거의 저물녘에
강바람 문득 불어 돌아갈 돛배를 재촉는 듯
아득하던 앞산도 금세 뒷산으로 보이는구나
잠깐 사이 날개 돋아 연잎 배에 올랐는 듯
소동파 적벽 아래 놀았다 한들 이 내 흥에 어찌 더하며
장한 강동거인들[19] 이 청아한 흥에 미칠런가
물에서 이렇거든 산에서라 그렇지 않으랴
산속 집에 가을 깊거늘 그윽한 회포 둘 데 없어
운길산[20] 돌길에 막대 짚고 쉬어 올라

---

18) '무우에서 시를 읊으며 돌아온다'는 뜻이다. 『논어(論語)』「선진(先進)」, "풍호무우 영이귀(風乎舞雩 詠而歸)"에 나오며, 무우(舞雩)는 기수 강가에 있는 기우제를 지내는 곳이다.

19) '장한 강동거(張翰 江東去)'란 중국 진나라 사람 장한이 가을이 되자 자기 고향의 음식이 먹고 싶다며 벼슬을 버리고 고향으로 돌아간 것을 말한다.

20) 경기 남양주시 조안면에 있는 높이 610m의 산 이름이다.

마음 가는 대로 걸으며 원숭이, 학을 벗을 삼아
큰 소나무를 의지하여 사방을 돌아보니
하늘 재주가 뛰어나 산빛을 꾸민 것인가
흰 구름 맑은 연기를 조각 조각 떼어내어
높게 또 낮게
봉우리마다 골짜기마다 모두 펼쳤거든
서리 내린 단풍나무 봄꽃보다 붉으니
비단에 수놓은 병풍을 겹겹이 둘렀는 듯
가지각각 모습이 지나치게 좋아 보이네
힘 센 이 다투면 내 분수에 올까 마는
금할 이 없으니 나도 두고 노니노라
하물며
남산 자락 끝에 오곡을 갖춰 심어
먹고 못 남아도 끊이지만 않는다면
내 집의 내 밥이 그 맛이 어떠한가
산나물 뜯고 물고기 잡아 물과 육지의 재료도 갖추었다
좋은 음식으로 봉양함을 족하다 할까마는
까마귀 효성[21]을 다하고야 말겠노라
사정이 이러하여 아직 물러나와 있은들
망극한 성은을 어느 순간에 잊을런고
임금께 바치는 충성은 흰머리에야 더욱 깊다
때때로 머리 들어 북진[22]을 바라보니

---

21) 오조(烏鳥) 즉 검은 새란 까마귀를 말한다. 반포지효(反哺之孝)란 까마귀 새끼가 자란 뒤 늙은 어머니에게 먹이를 물어다 준다는 뜻의 사자성어로, 자식이 성장한 후 어버이의 은혜에 보답하는 효성을 이를 때 쓰는 말이다.

22) 북진(北辰)은 북극성 방향, 즉 임금 계신 곳을 말한다. 이와 유사한 표현은 〈선상

남 모르는 눈물이 두 소매에 다 젖는다
이 눈물 보거든 차마 물러날까 마는
가뜩 없는 재능에 병 하나 깊어가고
늙으신 부모님은 팔순이 거의거든
탕약을 그치며 아침저녁 살핌을 비울런가
이제야 어느 사이에 이 산 밖에 나갈 수 있으리
허유[23]의 씻은 귀에 노래자[24]의 옷을 입고
앞산의 저 소나무가 푸른 쇠 되도록
**흰머리 부모님을 모시고 백발에**
**아무인 줄 모르도록**[25] 함께 뫼셔 늙으리라

---

탄〉과 〈노계가〉에도 나타난다.

23) 중국 요나라 사람으로, 소부(巢父)와 함께 요임금이 제시하는 벼슬을 마다하고 지조와 절개를 지키며 자연에 숨어서 산 사람이다.

24) 초나라 때 효성이 지극했다고 알려진 사람이다. 그는 일흔의 나이에도 색동옷을 입고 부모님을 즐겁게 해 드렸다고 전해진다.

25) '아무'는 '누구'와 같다. 그러므로 '아문줄 모르도록'은 세상이나 사회에서 잊혀져 '누구인지 모르도록' 즉 벼슬자리에 있을 때와는 달리 평범한 사람이 되어 부모를 모시며 살겠다는 뜻이다.

### 〈莎堤曲〉

"萬曆辛亥春 漢陰大鑒命作此曲 莎堤勝地名 在龍津江東距五里許 大鑒江亭所在處也"
『永陽歷贈』〈莎堤曲〉

"莎堤地名 在龍津江東距五里許 卽漢陰李相公江亭所在處也 公代相公作此曲"
『蘆溪先生文集』卷之三〈莎堤曲〉

어리고 拙ᄒᆞᆫ몸애 榮寵이 已極ᄒᆞ니
鞠躬 盡悴ᄒᆞ야 주거야 말려너겨
夙夜 匪懈ᄒᆞ야 밥을닛고 思度ᄒᆞᆫ들
군솔의 현블로 日月明을 도올런가
尸位 伴食을 몃ᄒᆡ나 디내연고
늙고 病이드러 骸骨을 빌니실식
漢水 東다히로 訪水 尋山ᄒᆞ야
龍津江 디내올나 莎堤안 도라드니
第一 江山이 님재업시 ᄇᆞ렷ᄂᆞ다
平生 夢想이 오라ᄒᆞ야 그러던디
水光 山色이 녯ᄂᆞᆺ출 다시본ᄃᆞᆺ
無情ᄒᆞᆫ 山水도 有情ᄒᆞ야 보이ᄂᆞ다
白沙 汀畔의 落霞ᄅᆞᆯ 빗기ᄯᅴ고
三三 五五히 섯거노ᄂᆞᆫ 뎌 白鷗이야
너ᄃᆞ려 말뭇쟈 놀나디 마라ᄉᆞ라
이名區 勝地를 어ᄃᆡ라 드럿던다

碧波이 洋洋ᄒᆞ니 渭水伊川 아닌게오

峯巒이 秀異ᄒᆞ니 富春箕山 아닌게오

林深 路黑ᄒᆞ니 晦翁雲谷 아닌게오

泉甘 土肥ᄒᆞ니 李愿盤谷 아닌게오

**世遠 人亡ᄒᆞ야**

**千載 孤蹤이 아ᄃᆞᆨ히 그처시니**

徘徊 思憶호ᄃᆡ 아모ᄃᆡᆫ줄 내몰래라

岸芝 汀蘭은 淸香이 郁郁ᄒᆞ야

遠近에 니어잇고

南澗 東溪에 落花이 ᄀᆞᄃᆞᆨ ᄌᆞᆷ겻거ᄂᆞᆯ

荊棘을 헤혀드러 草屋數間 지어두고

鶴髮을 뫼시고 終孝를 ᄒᆞ려너겨

爰居 爰處ᄒᆞ니 此江山之 님재로다

三公不換 此江山은 엇씨닐온 말ᄉᆞᆷ인고26)

**나ᄂᆞᆫ 말업시 수이도 밧고완쟈**

**恒産도 보려ᄒᆞ니 ᄒᆡ옴업시 이노매라**

어즈러온 鷗鷺와 數업ᄉᆞᆫ 麋鹿을

내혼자 거ᄂᆞ려 六畜을 삼앗거든

갑업ᄉᆞᆫ 淸風明月은 절로已物27) 되여시니

ᄂᆞᆷ과다ᄅᆞᆫ 富貴는 이ᄒᆞᆫ몸애 ᄀᆞ잣고야

이富貴이 가지고 뎌 富貴이 부ᄅᆞᆯ소냐

부ᄅᆞᆯ줄 모ᄅᆞ거든 사괼줄 알리런가

---

26) 『노계선생문집』에는 "삼공불환(三公不換) 차강산(此江山)을 오ᄂᆞᆯᄉᆞ 아라고야(삼공과 이 강산을 안 바꾼다는 말을 오늘에야 알겠구나)"로 되어 있다.

27) 이물(已物)은 기물(己物)을 잘못 쓴 것으로 본다. 기물(己物)은 나의 물건 곧 내것이다.

紅塵도 머러가니 세상일을 듯볼소냐
花開葉落 아니면은 어ᄂᆡ節를 알리런고
中隱菴 쇠붑소ᄅᆡ 谷風의 섯거ᄂᆞ라
梅窓의 니ᄅᆞ거ᄂᆞᆯ 午睡ᄅᆞᆯ ᄀᆞᆺᄭᆡ야
病目을 여러보니 밤ᄉᆡ예 ᄀᆞᆺ픤가지
暗香을 보내야 봄쳘을 알외ᄂᆞ다
春服을 뵈와닙고 麗景이 더딘적의
靑藜杖 빗기쥐고 童子六七 블러내야
솝닙난 잔ᄶᅬ예 足容重케 흣거러
淸江의 발을싯고 風乎 江畔ᄒᆞ야
興을ᄐᆞ고 도라오니
舞雩 詠而歸ᄅᆞᆯ 져그나 부ᄅᆞᆯ소냐
春興이 이러커든 秋興이라 져글런가
金風이 瑟瑟ᄒᆞ야 庭畔의 디내부니
머괴 디ᄂᆞᆫ닙피 머근귀ᄅᆞᆯ 놀라ᄂᆞ다
正値 秋風을 中心에 믄득반겨
낛대ᄅᆞᆯ 두러메고 紅蓼ᄅᆞᆯ 헤혀ᄂᆞ려
小艇을 글너노하
風帆 浪楫으로 가ᄂᆞᆫ대로 더뎌두니
流下 前灘ᄒᆞ야 淺水邊의 오도고야
夕陽이 거읜저긔
江風이 짐즛부러 歸帆을 뵈와ᄂᆞᆫᄃᆞᆺ
아ᄃᆞᆨ던 前山도 忽後山의 보이ᄂᆞ다
須臾 羽化ᄒᆞ야 蓮葉舟에 올란ᄂᆞᆫᄃᆞᆺ
東坡赤壁 遊인ᄃᆞᆯ 이내興에 엇ᄯᅵ더며

張翰江東 去인둘 이清興에 미출런가
居水에 이러커든 居山이라 偶然ᄒᆞ랴
山房의 秋晩커늘 幽懷를 둘딕업서
雲吉山 돌길에 막대딥고 쉬여올나
任意 逍遙ᄒᆞ며 猿鶴을 벗을삼아
喬松을 비긔여 四隅로 도라보니
天工이 工巧ᄒᆞ야 묏비촐 ᄭᅮ미는가
흰구름 ᄆᆞᆯ근ᄂᆡ를 片片이 ᄯᅦ혀내야
노피락 ᄂᆞ치락
峯峯이 골골이 面面이 버렷거든
서리틴 신남기 봄ᄭᅩᆺ도곤 블거시니
錦繡 屛風을 疊疊이 둘럿는ᄃᆞᆺ
千態 萬狀이 僭濫ᄒᆞ야 보이ᄂᆞ다
힘세니 ᄃᆞ토면 내分에 올가마는
禁ᄒᆞ리 업술시 나도두고 노니노라
ᄒᆞᄆᆞᆯ며
南山 ᄂᆞ린그ᄐᆡ 五穀을 ᄀᆞ초심거
먹고 못나마도 긋ᄯᅵ나 아니ᄒᆞ면
내집의 내밥이 그마시 엇더ᄒᆞ뇨
採山 釣水ᄒᆞ니 水陸品도 잠ᄭᅡᆫᄀᆞᆺ다
甘旨 奉養을 足다사 ᄒᆞᆯ가마는
烏鳥 含情을 벱고야 말렷노라
私情이 이러ᄒᆞ야 아직믈러 나와신둘
罔極ᄒᆞᆫ 聖恩을 어ᄂᆡ刻애 니즐런고
犬馬 微誠은 白首에야 더옥깁다

時時로 머리드러 北辰을 ᄇᆞ라보니
ᄂᆞᆷ모ᄅᆞᄂᆞᆫ 눈믈이 두ᄉᆞ매예 다젓ᄂᆞ다
이눈믈 보거든 ᄎᆞ마믈러 날가마ᄂᆞᆫ
ᄀᆞᆺ득 不才예 病ᄒᆞ나 디터가고
萱堂 老親은 八旬이 거의거든
湯藥을 긋치며 定省을 뷔올런가
이제야 어ᄂᆡᄉᆞ예 이山밧씌 나로소니
許由의 시슨귀예 老萊子의 오ᄉᆞᆯ닙고
압뫼해 뎌솔이 프ᄅᆞᆫ쇠 되도록
**鶴髮을 뫼시고 白髮애**
**아ᄆᆡᆫ줄 모ᄅᆞ도록** ᄒᆞᆷ씌뫼셔 늘그리라

# 4. 누항사

〈누항사〉의 창작 시기는 〈사제곡〉과 같은 1611년(광해군 3)으로 본다. 〈누항사〉는 『영양역증』본에도 『노계선생문집』본에도 한음 이덕형과 관계 있는 작품이라는 점이 기록되어 있다. 경북 영천에 거주하던 박인로가 경기도 남양주시에 위치한 사제에 거주하던 이덕형을 자주 찾아가기는 힘들었을 것이다. 따라서 〈누항사〉는 창작 시기가 분명히 밝혀져 있는 〈사제곡〉과 같은 시기에 이덕형의 요청에 의해 창작한 작품으로 본다.

이덕형의 요청에 대해서는 『노계선생문집』 본 〈누항사〉에 좀더 자세히 기록되어 있는데, 산촌에서 궁고하게 사는 삶이 어떤지를 이덕형이 묻자 그 대답으로 박인로가 지은 것이 〈누항사〉라는 것이다. 박인로는 산촌에서 궁고하게 사는 삶이 어떤지를 묻는 이덕형의 물음에 집안의 궁핍함과 나쁜 관리들의 횡포, 종이 제 일을 하지 않는 신분질서의 파괴, 소가 없어 농사를 지을 수 없는 형편, 인정보다는 물질을 우선시하는 변해버린 세태 등을 일일이 다 언급한 것이다.

1장에서 설명한 것과 같이 『영양역증』 본 〈누항사〉에는 『노계선생문집』 본 〈누항사〉에 빠진 구절이 포함되어 있다. 굵은 글씨로 표시한 구절이 그것이다. 작품을 읽으면서 굵은 글씨 구절의 의미를 생각해 보면 "유림전(儒林傳)" 같은 문집을 만들려던 『노계선생문집』 간행자들이 이 구절들을 왜 배제했는지 그 이유를 짐작할 수 있을 것이다.

『노계선생문집』에 없는 구절은 화자의 궁핍한 현실을 진솔하게 표현하고, 탐욕스럽고 부정한 방법으로 백성을 힘들게 하는 관리를 '대낮의 강도'와 '늙은 쥐'로 비유하여 비판하면서도 어쩔 수 없이 당할 수밖에 없는 것이 화자의 현실이라는 것을 말하고, 술과 고기를 대접 받은 소 주인이 아무 댓가 없이 빌려주겠다던 화자와의 약속을 깨트린 일 등 다소 불편할 수 있는 내용을 드러냈기 때문이다.

이 외에도 〈누항사〉에서 주목할 부분은 작품의 중반부 부터 소를 빌리러 간 화자가 소를 빌려주겠다고 약속한 사람의 집을 찾아가 대화를 나누는 장면을 실제 대화체로 나타낸 부분이다. 현대어 편에서는 이부분을 따옴표로 표시하여 대화체임을 잘 알 수 있게 바꾸었다. 그 외에도 '탐살'[1] '엄섬이'[2]와 같은 경상도 방언이 쓰인 부분도 흥미로운 부분이다.

이렇듯 〈누항사〉를 통해 자신의 가난하고 궁핍한 현실을 사실적으로 표현하고서도, 박인로의 가사작품이 대부분 그렇듯이 결국에는 '빈이무원'[3], '단사표음'[4]이라는 유가적 지향성으로 규정하고 충효(忠孝)와 붕우유신(朋友有信)[5]을 말하는 것으로 끝을 맺는다.

---

1) 경상도 방언이다. 어떤 사람이 한 잘못된 행동이 아무 상관 없는 다른 사람에게까지 나쁜 영향을 미치게 할 때 '탐살 맞는다'라고 표현한다.

2) 경상도 방언이다. '엄섬이' 혹은 '엄심이'는 '생각보다 괜찮게(친절하게, 호의적으로)'라는 의미로 쓰인다.

3) '빈이무원(貧而無怨)'은 『논어(論語)』에 나오는 말로 가난하지만 남을 원망하지 않는다는 뜻이다.

4) '단사표음(簞食瓢飮)'은 『논어(論語)』에 나오는 말로 한 소쿠리에 담은 밥과 표주박에 든 물이라는 뜻으로 소박한 식사를 말한다.

5) '벗(친구) 사이에는 믿음과 의리가 있어야 한다'는 의미로, 삼강오륜(三綱五倫)의 오륜 중 한 덕목이다.

## 〈누항사〉

한음 대감이 명하여 지었다.
『영양역증』 〈누항사〉

공이 한음 상공과 종유하였는데, 상공이 공에게 산에서 궁고하게 사는 삶에 대해 묻기에 이에 자신의 회포를 서술하여 이 노래를 지었다.
『노계선생문집』 권 3 〈누항사〉

어리석고 물정 몰라 거칠기는 내 위에 더 없다
길흉 화복을 하늘께 맡겨두고
좁고 허룩한 마을 깊은 곳에 띠집을 지어두고
아침 바람 저녁 비에 썩은 짚이 땔나무 되어
닷 홉 밥 서 홉[6] 죽에 연기도 많고 많네
**얼마만에 받은 밥에 누더기 옷 어린아이들은**
**장기 밀듯 졸 밀듯 (밥상 앞으로) 나아오니**
**사람 도리에 차마 혼자 먹을런가**
덜 데운 숭늉에 빈 배 속일 뿐이로다
삶이 이러하다 대장부 뜻을 옮길런가
가난도 만족하자는 생각을 적을만정 품어 있어
마땅히 따르며 살려하니 날이 갈수록 어긋난다
가을이 부족하거든 봄이라 넉넉하며
주머니 비었거든 병엔들 담겼으랴
**다만 하나 빈 독 위에**

6) 홉은 가루나 액체의 용량의 단위를 나타내는 말로서 약 180ml이다.

**어른 털 덜 돋은 늙은 쥐는 욕심 많아 빼앗으려고**
**방자한 기세 양양하니 대낮의 강도로다**
**겨우 얻은 것을 다 교활한 쥐구멍에 빼앗기고**
**쥐 쫓는 경전을 때때로 읊으며**
**말없이 한숨 쉬며 흰머리 긁을 뿐이로다**
**이 중에 해로운 일은 다 내집에 모였구나**
고난 많은 인생이 천지간에 나 뿐이라
배고픔과 추위가 사무치다 충절을 잊을런가
의에 분발하여 몸도 잊고 죽고야 말리라 여겨
전대와 주머니에 한 줌 한 줌 챙겨 넣고
5년 전쟁에 감히 죽겠다는 마음을 가지고 있어
시체 건너고 피 밟으며 몇백 전을 치렀던가
한 몸이 여유 있어 집안을 돌아보랴
수염 긴 늙은 종 하나는 종과 주인의 분수를 잊었거든
내게 봄 알리는 것을[7] 어느 사이 생각하리
밭갈이는 마땅히 종에게 물어야 하거늘 누구에게 물을런고
몸소 밭 갈고 심어 거두는 일이 내 분수인 줄 알겠노라
신야에서 밭 갈던 노인과[8] 밭이랑 갈던 노인을[9]
천하다 하리 없건만
아무리 갈고자 한들 어느 소로 갈 것인가

---

7) 봄이 왔다는 것을 알린다는 말은 농사일을 시작해야 한다는 말을 알린다는 것이다.

8) '신야경수(莘野耕叟)' 즉 '신야(莘野)의 밭 가는 노인'이란 중국 은나라 탕왕 때의 재상이었던 이윤이 재상이 되기 전에는 농부였던 일을 말한다.

9) '농상경옹(壟上耕翁)' 즉 '밭둑 위에서 밭 가는 노인'이란 중국 진나라의 진승(陳勝)이 가난하여 밭을 갈며 탄식했다는 일을 말한다. 진승은 중국 최초의 농민 혁명가로 불린다.

가뭄이 몹시 심하여 때 다 늦은 적에
서쪽 둔덕 높은 논에 잠깐 지나는 비에
길바닥 흐르는 물을 반쯤 대어 두고
소 한 번 (빌려)주마 하고 좋게 말하길래
친절하다 여긴 집에
달 없는 저물녘에 허우적허우적 다가 가서
굳게 닫은 문밖에 아득히 혼자 서서
큰 기침 '에헴'을 오랫동안 한 뒤에
"어와 그 누구신고?" "염치없는 나입니다"
"초저녁도 거의 지났는데 그 어찌 와 계신고"
"해마다 이러하기 죽고 싶기도 하지만
소 없는 이몸이 걱정 많아 왔나이다"
"공짜로나 값 쳐서나 (빌려) 줄만도 하다마는
다만 어젯밤에 건넛집 저 사람이
목 붉은 장끼를 기름 지글지글하게 구워내고
갓 익은 삼해주[10]를 취하도록 권하거든
이러한 은혜를 어찌 아니 갚을런고
내일로 주마 하고 큰 약속 하였거든
약속 어긴 것 미안하니 더 말하기 어려워라"
"사실이 그러하면 설마 어이할고"
헌 모자 깊이 쓰고 축 없는 짚신에
설피 설피 물러나오니
작고 초라한 모습에 개 짖을 뿐이로다

10) 삼해주(三亥酒)는 조선시대 주로 빚어 마셨던 고급 약주이다. 음력으로 정월 해일(亥日) 해시(亥時)에 담기 시작하여 그다음 해일(亥日)과 또 그다음 해일(亥日) 즉 세 번에 걸쳐 담는 술이라 해서 삼해주(三亥酒)라 한다.

작은 방에 들어간들 잠이 와서 누웠으랴
북창을 의지해 앉아 새벽을 기다리니
무정한 오디새는 이 내 한을 재촉하네
아침이 지나도록 한탄하며 먼 들을 바라보니
즐기는 농요도 흥 없이 들리는구나
세상 물정 모를 한숨은 그칠 줄 모르노라
**술 고기 있으면 쉽게 벗도 하련마는**
**두 주먹 비게 쥐고 세상 형편 모르는 말에**
**체면 하나 못 차리니**
**하루 아침 부릴 소도 못 빌리고 말았거든**
**하물며**
**추잡스런 부귀 영달에**[11] **취할 뜻을 가질소냐**
아까운 쟁기는 보습[12]도 좋을시고
가시 엉긴 묵은 밭도 뿌리 없이 갈련마는
빈집 벽 가운데 쓸데없이 걸렸구나
**차라리 첫봄에 팔아나 버릴 것을**
**이제야 팔려 한들 알 이 있어 사러 오랴**
봄 농사도 거의 지났다 내팽개쳐 던져두자
자연에 대한 꿈을 꾼지도 오래되어
먹고 사는 일이 원수가 되어 아! 잊었구나
저기 기수[13] 같은 물가에 푸른 대나무가 많기도 많네

---

11) '동곽(東郭) 번간(墦間)'은 동쪽 외곽의 무덤 사이라는 뜻으로 『맹자(孟子)』「이루하(離婁下)」에 나오는 말이다. 부귀와 영달을 추구하는 사람의 행동에 흔히 비유하는 말로, 비굴하고 저열한 행동을 하면서도 마치 자신이 잘나서 그런 것인 듯 잘난척 하는 것을 뜻한다.

12) 쟁기의 삽 모양 부분을 말한다.

훌륭한 군자들아 낚싯대 하나 빌려주게
갈대꽃 깊은 곳에 밝은 달 맑은 바람 벗이 되어
임자 없는 좋은 자연에서 절로 절로 늙으리라
무심한 흰 갈매기야 오라하며 가라 하랴
다툴 일 없음은 다만 이곳인가 여기노라
**이제야 소 빌리려 맹세코 다시 말자**
못난 이 몸이 무슨 뜻 있으리 마는
두세 이랑 밭 논을 다 묵혀 던져두고
있으면 죽이오 없으면 굶을만정
남의 집 남의 것을 전혀 부러워 말겠노라
내 가난 싫게 여겨 손을 내젓는다 물러가며
남의 부귀 부러워 여겨 손을 친다 나아오랴
인간 어느 일이 운명 밖에 생겼으리
**가난하다 이제 죽으며 부유하다 백 년 살랴**
**원헌[14]이는 몇 날 살고 석숭[15]이는 몇 해 산고**
**빈부 없이 다 죽으니 죽은 뒤에 더 산 이 없다**
빈이무원[16]을 어렵다 하건마는
내 삶이 이러하되 서러운 뜻은 없노라
단사표음[17] 이도 (만)족히 여기노라

---

13) 기수(淇水)는 중국의 하남성 북부에 있는 하천으로 고대 황하의 지류이다.
14) 원헌(原憲)은 중국 노나라 사람이자 공자의 제자이다. 평생 청렴하고 청빈하게 살았다.
15) 석숭(石崇)은 중국 진나라 때 당대 최고의 갑부였다.
16) '빈이무원(貧而無怨)'은 『논어(論語)』에 나오는 말로 가난하지만 남을 원망하지 않는다는 뜻이다.
17) '단사표음(簞食瓢飮)'은 『논어(論語)』에 나오는 말로 한 소쿠리에 담은 밥과 표주박에 든 물이라는 뜻으로 소박한 식사를 말한다.

평생 한 뜻이 따뜻함 배부름에는 없노라

태평천하에 충효를 일을 삼아

형제 화목, 붕우유신[18] 잘못이라 할 이 적으니

그 밖에

남은 일이야 생긴 대로 살겠노라

18) '벗(친구) 사이에는 믿음과 의리가 있어야 한다'는 의미로, 삼강오륜(三綱五倫)의 오륜 중 한 덕목이다.

## 〈陋巷詞〉

漢陰大鑒命作
『永陽歷贈』〈陋巷詞〉

公從遊漢陰相公 相公問公山居窮苦之狀 公乃述己懷作此曲
『蘆溪先生文集』 卷之 三〈陋巷詞〉

어리고 迂闊ᄒᆞᆯᄉᆞᆫ 이내우희 더니업다
吉凶 禍福을 하ᄂᆞᆯᄭᅴ 브텨두고
陋巷 깁픈곳의 草幕을 주피혀고
風朝 雨夕의 서근딥피 서피되야
닷홉밥 서홉粥에 烟氣도 하도할샤
**얼머만히 바ᄃᆞᆫ밥의 懸鶉 稚子들은**
**將碁버덧 卒미덧 나아오니**
**人情 天理예 ᄎᆞᆷ마혼자 머글넌가**
설더인 熟冷애 뷘ᄇᆡ소길 ᄲᅮᆫ이로다
生涯 이러ᄒᆞ다 丈夫뜻을 옴길런가
安貧 一念을 져글만졍 품어이셔
隨宜로 살려ᄒᆞ니 날로조차 齟齬ᄒᆞ다
ᄀᆞ을히 不足거든 봄이라 有餘ᄒᆞ며
주머니 뷔엿거든 병의라 담겨시랴
**다ᄆᆞᆫᄒᆞᆫ나 뷘독우희**
**어론털 덜도든 늘근쥐ᄂᆞᆫ 貪多務得 ᄒᆞ야**
**恣意 揚揚ᄒᆞ니 白日아래 强盜로다**

**아야라 어든거ᄉᆞᆯ 다狡穴에 앗겨두고**

**碩鼠 三章을 時時로 吟詠ᄒᆞ며**

**歎息 無言ᄒᆞ야 搔白首 ᄲᅮᆫ니로다**

**이中에 탐살은 다내집의 모홧ᄂᆞ다**

苦楚ᄒᆞᆫ[19] 人生이 天地間의 나ᄲᅮᆫ이라

飢寒이 切身ᄒᆞ다 一丹心을 니즐런가

奮義 忘身ᄒᆞ야 주게야 말려너겨

于槖 于囊의 줌줌이 뫼화녀코

兵戈 五載예 敢死心을 가져이셔

履尸 踄血ᄒᆞ여 몃百戰을 디내연고

一身이 餘暇잇사 一家를 도라보랴

一奴 長鬚ᄂᆞᆫ 奴主分을 니젓거든

告余 春及을 어ᄂᆡᄉᆞ이 ᄉᆡᆼ각ᄒᆞ리

耕當 問奴인ᄃᆞᆯ 눌ᄃᆞ려 무ᄅᆞᆯ런고

躬耕稼穡이 내分인줄 알리로다

莘野耕叟와 壟上耕翁을

賤타ᄒᆞ리 업건마ᄂᆞᆫ

아므리 갈고젼ᄃᆞᆯ 어ᄂᆡ쇼로 갈니손고

旱旣 太甚ᄒᆞ야 時節이 다는즌제

西疇 노픈논애 잠ᄭᅡᆫ갠 녈비예

道上 無源水ᄅᆞᆯ 반만ᄭᅡᆫ 대혀두고

쇼ᄒᆞᆫ적 주마ᄒᆞ고 엄섬이 말ᄒᆞᆯᄉᆡ

친졀호라 너긴집의

---

19) 『영양역증』 본에는 괴롭다는 의미의 "고초(苦楚)한"으로 되어 있으나, 『노계선생 문집』 본에는 가난하다는 의미의 "빈곤(貧困)한"으로 표기되어 있다.

ᄃᆞᆯ업슨 黃昏의 히위허위 ᄃᆞᆯ라가셔
구지다ᄃᆞᆫ 문밧긔 어득히 혼자셔셔
큰기츰 아함이ᄅᆞᆯ 良久토록 ᄒᆡ온後에
어와 긔뉘신고 廉恥업슨 내옵ᄡᅥ니
初更도 거읜ᄃᆡ 긔엇디 와겨신고
年年의 이렁ᄒᆞ기 죽고져도 ᄒᆞ건마ᄂᆞᆫ
쇼업슨 이몸이 혜염만하 왓ᄂᆞ이다
공ᄒᆞ니나 갑시나 주엄즉도 ᄒᆞ다마ᄂᆞᆫ
다ᄆᆞᆫ 어젯밤의 건넌집 뎌사ᄅᆞᆷ이
목블근 슈기雉을 玉脂泣ᄭᅦ 구어내고
ᄀᆞᆺ니근 三亥酒ᄅᆞᆯ 醉토록 勸ᄒᆞ거든
이러ᄒᆞᆫ 恩惠ᄅᆞᆯ 엇디아니 갑ᄑᆞᆯ런고
來日로 주마ᄒᆞ고 큰言約 ᄒᆞ얏거든
失約이 未便ᄒᆞ니 ᄉᆞ셜이 어려웨라
實爲 그러ᄒᆞ면 혈마 어이ᄒᆞᆯ고
헌벙덕 수기혀고 측업슨 딥신에
설피설피 믈러오니
風彩져근 形容에 개스실 ᄲᅮᆫ이로다
蝸室에 드러간ᄃᆞᆯ ᄌᆞᆷ이오사 누어시랴
北窓을 비겨안자 새배ᄅᆞᆯ 기ᄃᆞ리니
無情ᄒᆞᆫ 戴勝은 이내恨을 뵈아ᄂᆞ다
終朝 惆悵ᄒᆞ며 먼들흘 ᄇᆞ라보니
즐기ᄂᆞᆫ 農歌도 興업서 들리ᄂᆞ다
世情모ᄅᆞᆯ 한숨은 그칠주ᄅᆞᆯ 모로ᄂᆞ다
**술고기 이시면 권당벗도 하련마ᄂᆞᆫ**

**두주먹 뷔게쥐고 世態업슨 말ᄉᆞᆷ애**

**양ᄌᆞᄒᆞ나 못괴오니**

**ᄒᆞᄅᆞ아젹 블릴쇼도 못비러 마랏거든**

**ᄒᆞᄆᆞᆯ며**

**東郭 墦間의 醉ᄒᆞᆯᄯᅳ들 가질소냐**

앗가온 쇼보ᄂᆞᆫ 벳보십도 됴ᄒᆞᆯ셰고

가ᄉᆡ엉긘 무근밧도 불ᄒᆡ업시 갈련마ᄂᆞᆫ

虛堂 半壁의 쓸ᄃᆡ업시 걸련ᄂᆞ다

**ᄎᆞᆯ하리 첫봄의 ᄑᆞ라나 ᄇᆞ릴거ᄉᆞᆯ**

**이제야 ᄑᆞᆯ려ᄒᆞᆫᄃᆞᆯ 알리잇사 사라오랴**

春耕도 거의거다 후리텨 더뎌두쟈

江湖 ᄒᆞᆫ ᄭᅮᆷ을 ᄭᅮ언디도 오라더니

口腹이 怨讎이 되야 어지버 니젓덧다

瞻彼 淇澳혼ᄃᆡ 綠竹도 하도할샤

有斐 君子ᄃᆞᆯ아 낟대ᄒᆞᆫ나 빌려ᄉᆞ라

蘆花 기픈고대 明月淸風 버디되야

님재업슨 風月江山의 절로절로 늘그리라

無心ᄒᆞᆫ 白鷗야 오라ᄒᆞ며 갈아ᄒᆞ랴

ᄃᆞ토리 업슬ᄉᆞᆫ 다ᄆᆞᆫ인가 너기노라

**이제야 쇼비리 盟誓코 다시마쟈**

無狀ᄒᆞᆫ 이몸이 므슴志趣 이시리 마ᄂᆞᆫ

두세이렁 밧논을 다무겨 더뎌두고

이시면 쥭이오 업스면 굴믈만졍

ᄂᆞᆷ의집 ᄂᆞᆷ의거ᄉᆞᆯ 전혀불어 말련노라

내貧賤 슬히너겨 손을헤다 믈러가며

ᄂᆞᆷ의富貴 불이너겨 손을티다 나아오랴
人間 어ᄂᆡ이리 命밧긔 삼겨시리
**가난타 이제 주그며 가ᄋᆞ며다 百年 살라**
**原憲이ᄂᆞᆫ 몃랄살고 石崇이ᄂᆞᆫ 몃ᄒᆡ산고**
**貧富업시 다주그니 주근후에 던이업다**
貧而 無怨을 어렵다 ᄒᆞ건마ᄂᆞᆫ
내사리 이러호ᄃᆡ 셔론쓰든 업노왜라
簞食 瓢飮을 이도足히 너기노라
平生 ᄒᆞᆫ쓰디 溫飽에ᄂᆞᆫ 업ᄂᆞ왜라
太平 天下애 忠孝ᄅᆞᆯ 이ᄅᆞᆯ삼아
和兄弟 朋友有信 외다ᄒᆞ리 져글션졍
그밧긔
녀나ᄆᆞᆫ 이리야 삼긴대로 살련노라

## 5. 독락당

〈독락당〉의 창작 연대는 분명하지 않다. 연구자들은 〈독락당〉의 창작 연대를 한강(寒岡) 정구(鄭逑, 1543~1620)와의 교유를 바탕으로 1619년경으로 보거나, 여헌(旅軒) 장현광(張顯光, 1554~1637) 과의 교유를 바탕으로 1613년경 혹은 1600년으로 보기도 한다.

박인로는 나이 50대에 본격적으로 '여헌 장현광을 따라 성리어를 배워 학문을 하기로'1) 하였다. 그리고 이언적은 1610년(광해군 2) 오현종사(五賢從祀)2)에 제의된 바 있다. 따라서 〈독락당〉은 박인로 나이 50세 이후에 이언적이 오현종사에 제의되었음을 알고 그의 학덕을 좇는 마음에 '독락당'과 '옥산서원'을 찾은 경험을 바탕으로 창작한 작품3)이라 볼 수 있어서, 이 책에서는 〈독락당〉의 창작 연도를 1610년이나 그 직후 즈음으로 정리한다.

'독락당(獨樂堂)'은 회재(晦齋) 이언적(李彦迪 1491~1553)이 관직을 그

---

1) "(박)인로는 무관으로 시작하여 만호가 되었으나, 늦게 장여헌을 따라 성리어를 배워 학문으로 방향을 바꾸었다.(仁老始武擧爲萬戶 晩從張旅軒學性理語 折節爲學)", 『한음선생문고(漢陰先生文稿)』 부록 권 이(附錄 卷 二)』, [한음선생연보(漢陰先生年譜)], '39년(三十九年) 신해(辛亥)'

2) 인물의 학문과 도학적 계통을 나라가 인정하여 문묘에 종사하였다. 오현(五賢)이란 김굉필, 정여창, 조광조, 이언적, 이황을 말하며, 오현종사는 1610년(광해군 2)에 이루어졌다.

3) 김성은, 「노계 박인로 가사의 공간 연구」, 경북대학교대학원 박사학위논문, 2013, 64쪽 인용.

만 두고 고향에 돌아와서 거처했던 경상북도 경주시 안강면의 도덕산, 자옥산, 어래산 등에 둘러싸인 곳에 위치한 건물이고 근처에 '옥산서원(玉山書院)'도 있다. 〈독락당〉은 '독락당'과 이언적을 배향한 '옥산서원'을 방문하여 이언적의 흔적을 찾으며 그를 존경하며 따르겠다는 박인로의 다짐을 담은 작품이다.

서두에서 밝힌 바와 같이 박인로는 전쟁을 맞아 의병으로 활동하다가 1599년에 39세라는 늦은 나이에 무과(武科)에 급제했다. 무과 급제 후에도 몇몇 변방의 말직을 역임하다가 50세에 본격적으로 성리학 공부에 매진하기로 한다. 그런 까닭에 박인로는 잠 자는 일과 먹는 것도 뒤로 하고 공부에 힘썼으며, 본받을 만큼 학문적 성취를 이룬 학자들의 공간을 찾아다니며 그들을 따르려 했다.[4]

> 회재 이언적은 오현종사(五賢從祀)에 제의된 인물이며 '독락당'과 '옥산서원'은 영남 중부 지역의 중요한 강학 공간이었다. 오현(五賢)에 제의된 이언적의 공간인 '독락당'과 '옥산서원'은 박인로로서는 반드시 찾아야 할 공간임은 물론, 자신도 그 공간이 지닌 의미를 따른다는 것을 대외적으로 드러내어야 하는 공간이다. 박인로는 자신이 지닌 장점인 가사작품 창작을 통해 자신도 그런 공간을 지향한다는 것을 드러낸 것이다.[5]

내용 중에는 이언적이 1547년(명종 2년) '양재역 벽서 사건(良才驛壁書事件)'에 연루되어 7년간 귀양 갔던 일과, 이언적이 귀양지 평북 강계에서 학문에 전념하였기에 그의 덕을 좇아 먼 곳인 평북 강계에 사당을 세

---

4) "존현하고 도를 즐기는 것을 늙어서도 게을리 하지 않았다. 일찍이 자옥산에 가서 회재가 남긴 자취를 밟았다.(尊賢樂道之誠 老而不倦 嘗入紫玉山中 訪晦老遺躅)", 『노계선생문집(蘆溪先生文集)』 권지 이(卷之 二), 〈행장(行狀)〉 [정규양(鄭葵陽)]

5) 김성은, 박사학위논문, 앞의 책, p100, 인용.

웠던 일도 드러내어 흥미롭다.

'동방에서 도학을 밝힐 군자는 오직 이언적 뿐이다'라고 함으로써 박인로 자신도 이언적을 좇아 도학을 게을리 하지 않겠다는 다짐을 담은 것이 〈독락당〉이다.

## 〈독락당〉6)

경주 옥산에 있으니 회재 이선생이 전에 거주하던 집이다. 공이 이따금 찾아 그 자취를 기리고, 이에 이 노래를 지었다.
『노계선생문집』 권3, 〈독락당〉

자옥산7) 이름 난 곳에 독락당이 맑고 깨끗함을
들은 지 오래로되
이 몸이 무관으로서 해전이 위급했거늘
오직 나라 위하는 의로운 분노에 겨워
철마 타고 쇠창 휘두르며 여가 없이 분주하다가
우러르는 마음이 늙어서 더욱 깊어
대지팡이 짚신으로 오늘에야 찾아오니
봉우리는 수려하여 무이산8)이 되어 있고
흐르는 물은 휘돌아 후이천9)이 되었구나
이리 좋은 곳에 임자 어찌 없었던가
천 년 신라와 오백 년 고려에
현인 군자들이 많이도 있었지만

---

6) 조선 중종 때 지은 건물로 보물 제413호이며 경북 경주시 안강읍 옥산리에 있다. 조선 전기 문신 이언적(李彦迪)이 낙향하여 잠시 기거할 때 지은 별장 건물로, 이언적을 봉사(奉祀)하고 있는 옥산서원(玉山書院) 건너편 계곡 옆에 자리 잡고 있다

7) 경북 영천시 고경면에 있는 산으로 '독락당' 우측에 위치한다.

8) 송나라의 유학자 주자(朱子) 즉, 주희(朱熹)가 우이정사(武夷精舍)라는 서원을 세우고 성리학을 연구했다고 전해지는 산이다.

9) 송나라 유학자 정이(程頤)가 이천에 살았으므로 독락당 옆을 흐르는 물이 '후세의 이천'이라는 의미이다.

하늘이 아끼고 땅이 감추었다 우리 선생께 주었다네
사물 임자는 따로 있거든 어떤 다툴 이 있을소냐
푸른 덩굴 헤쳐 들어 독락당을 열어내니
그윽하고 고적한 경치는 견줄 데가 전혀 없네
길게 뻗은 대나무는 푸른 개울 따라 둘러 있고
만 권 책은 네 벽에 쌓였으니
안증10)은 왼쪽에 앉고 유하11)는 오른쪽에 앉은 듯
선현의 글로 벗하며 읊는 것을 일을 삼아
한가함 속에 고요히 생각하고 스스로 깨닫는 것
혼자 즐겨 하시었다.
'독락' 이 이름 딱 맞는 것 그 누가 알리
사마온공 독락원12)이 아무리 좋다한들
공간의 참된 의미야 이 '독락'보다 더할 것인가
진리 찾기를 그치지 않으려 양진암 돌아 들어
바람 맞으며 조용히 살피니 내 뜻도 맑아진다
퇴계선생 쓰신 친필이 진리 구한 줄 알리로다
관어대 내려오니
깔은 듯한 반석에 지팡이와 신발 흔적이 보이는듯
손수 심으신 큰 소나무는 옛 모습을 띠니
예전과 같은 모습이 그 더욱 반갑구나
정신 맑아지고 기분 상쾌하니 지란실13)에 든 듯하다

---

10) 안증(顔曾)이란 공자의 제자인 안연(顔淵)과 증참(曾參)을 이른다.

11) 유하(游夏)란 공자의 제자인 자유(子遊)와 자하(子夏)를 이른다.

12) 사마온공(司馬溫公)은 북송의 학자였던 사마광(司馬光)을 가리키고, 독락원(獨樂園)은 사마광의 정원을 말한다.

13) 지초와 난초가 있는 방이라는 뜻이다.

여기저기 옛 흔적을 보며 문득 생각하니
층층 바위 쌓인 절벽은 구름 병풍 절로 되어
용면[14] 뛰어난 솜씨로 그린 듯이 벌여 있고
깊고 맑은 호수에 하늘빛과 구름 그림자가
어우러져 잠겼으니
비 갠 뒤 바람과 달이 부는 듯 빛나는 듯
나는 솔개와 뛰어오르는 물고기를 말 없는 벗을 삼아
고요히 가라앉혀 참뜻 찾으며 성현 이룩한 일 하시었다
푸른 냇물을 건너니 낚시터도 분명하네
묻노라 흰 갈매기들아 옛일을 아는가?
엄자릉이 어느 해에 한나라 왕실로 갔단 말인고[15]
이끼 잔뜩 낀 물가 돌밭에 저녁연기만 잠겼어라
봄옷을 새로 입고 영귀대에 올라오니
아름다운 경치는 예나 지금 없이 맑은 흥이 절로 나니
풍호영이귀[16]를 오늘 다시 본듯하다
언덕 아래 연못에 가랑비 잠깐 지나가니
푸른 옥같은 넓은 잎에 흩어지니 맑은 구슬이로다
이러한 맑은 경치를 보신 듯도 하다마는
염계[17] 가신 후에 몇몇 해를 지낸게오
여전히 맑은 향기 다만 혼자 남았구나

---

14) 용면(龍眠) 즉 용면거사(龍眠居士)는 뛰어난 그림 솜씨를 가졌다고 알려진 송나라 이공린(李公麟)의 호이다.

15) 후한(後漢)의 엄광(嚴光) 즉, 엄자릉(嚴子陵)은 광무제의 관직 제의를 마다하고 부춘산으로 들어가 은거하였다.

16) 바람을 쐬면서 시를 읊으며 돌아오는 것으로 『논어(論語)』〈선진(先進)〉 "풍호무우영이귀(風乎舞雩詠而歸)"에 따른 구절이다.

17) 중국 송대(宋代)의 철학자인 주돈이(周敦頤 1017~1073)의 호이다.

보라빛 연기가 비스듬히 깔린 아래 폭포를 멀리 보니
붉은 벼랑 높은 끝에 긴 냇물이 걸렸는듯
향로봉 그 어디오 여산[18]이 여기던가
징심대 굽어보니
어리석고 욕심스럽던 마음속이 새로운 듯 하다만
적막하고 텅 빈 대에 외로이 앉았으니
맑은 바람 거울 같은 물엔 산 그림자만 잠겨 있고
녹음 우거져 그늘진 곳에 온갖 새 슬피 운다
이곳 저곳 다니며 생각하며 참된 흔적을 다 찾으니
탁영대 연못은 예나 지금 없이 맑다마는
복잡한 속세에 사람마다 서로 싸우거든
이리 좋은 맑은 못에 갓끈 씻은 줄[19] 그 누가 알리
사자암 높이 올라 도덕산[20]을 바라보니
옥 품어 머금은 빛[21]은 어제인 듯 하다마는
봉황 가고 산이 비니 두견[22]만 낮에 운다
도화동 내린 물이 밤 낮 없이
떨어진 꽃잎을 띄워 흘러오니
천태[23]인가 무릉[24]인가 이 땅이 어딘게오

18) 중국 장시성(江西省) 북부에 있는 명산을 이른다.
19) 초나라 시인 굴원(屈原)의 〈어부사〉 " 창랑의 물이 맑으면 갓끈을 씻고(滄浪之水清兮 可以濯吾纓)"에 따른 구절로, '갓끈을 씻는다'는 의미인 '탁영(濯纓)'이란 속세를 떠나서 깨끗하게 지내려는 마음을 말한다.
20) 독락당 오른쪽의 산 이름이다.
21) 이언적이 끼친 덕을 의미한다.
22) 봉황이 갔다는 것은 이언적이 돌아가셨다는 의미이다. 두견은 뻐꾸기 과에 속하는 새로 접동새라고도 불린다.
23) 천태산(天台山)은 중국의 명산 중 하나이다.
24) 무릉도원, 즉 이상향을 말한다.

신선 발자취 아득하니 어디인 줄 모르로다
어질지도 않은 몸이 무슨 이치를 알리마는
산을 즐겨 돌아가기 잊고 기이한 바위를 다시 의지해
면 냇물과 가까운 들판 경치를 살펴보니
수없는 보라색 붉은색은 비단 빛이 되어 있고
여러 풀들의 갖은 향기는 계곡 바람에 날려 오고
산사 종소리는 구름 밖에 들리는구나
이러한 뛰어난 경치를 범희문[25]의 글솜씨인들
다 써내기가 쉬울런가
눈에 가득 찬 풍경이 찾은 이 흥을 돋우는 듯
마음 가는 대로 다니며 천천히 돌아오니
눈 들어 보이는 서쪽 봉우리에 석양이 거의로다
독락당에 다시 올라 좌우를 살펴보니
선생 모습을 실제로 만나 뵈옵는 듯
공경함에 엄숙하여 굽어보고 우러러 보며 한숨 쉬고 탄식하며
당시 하시던 일 다시 한번 생각하니
밝은 창 앞 정갈한 책상에 세상 걱정 잊으시고
성현 책을 궁리하여 효험을 이루어내어
성현을 잇고 후학에 길 열어 우리 도를 밝히시니
우리 동방 드높은 군자는 다만 이분인가 여기노라
하물며
효도와 우애를 근본 삼고 충성을 베풀어내어
조정에 나아들어 신하의 몸이 되어
당우 성시[26]를 이룰까 바라다가

25) 범희문(范希文)은 범중엄(范仲淹 989~1052)을 말한다. 범중엄은 북송 때의 정치가, 문학가, 교육가로 「악양루기(岳陽樓記)」를 지었다.

시대의 운이 불행하여 충성스럽고 현명한 신하를 멀리 보내니[27]
듣느니 보느니 깊은 산 골짜기엔들
누구 아니 슬퍼하리
칠 년 귀양 동안 하늘 해 보지 않고
문 닫고 깊이 생각하시어 도덕만 닦으시니[28]
간사함은 바름을 이기지 못하는 것이라 공론 절로 일어
도덕 존중하고 숭배하기를 사람마다 할 줄 알아
강계는 귀양지로되 (선생의) 남긴 덕 못내 잊어
멀리 떨어진 궁벽한 이곳에 사당까지 세우니
사림에서 높이 받들고 추앙하는 것이야 더 말해 무엇하리
자옥[29] 물과 돌 위에 (옥산)서원[30]을 지어 두고
훌륭한 선비들의 거문고 소리 글 읊는 소리 이어지니
염계와 낙양의 선비들[31] 이 땅에 모신 듯
구인당 돌아 올라 체인묘도 엄숙할사[32]
오랫동안 제의 지냄은 우연 아닌 일이로다

---

26) '당우(唐虞)'의 당(唐)은 도당씨(陶唐氏) 즉 중국 고대의 요(堯)임금이고, 우(虞)는 유우씨(有虞氏) 즉 순(舜)임금을 이르는 말이다. 그러므로 '당우 성시(唐虞 盛時)'란 요임금과 순임금이 다스리던 태평성시를 이른다.

27) 이언적이 1547년(명종 2년) '양재역 벽서 사건(良才驛壁書事件)'에 무고하게 연루돼서 평안북도 강계(江界)로 7년간 귀양 갔던 일을 말한다.

28) 이언적은 강계(江界)로 유배 가서도 학문 연구에 전심하여 많은 저서를 저술했다.

29) 자옥산은 독락당 오른쪽에 있는 산으로 도덕산 아래의 산이름이다.

30) 경상북도 경주시 안강읍의 독락당 근방에 있는 서원이다. 이언적을 추모하기 위해 창건하였으며 1967년 사적으로 지정된 바 있고, 2019년에는 유네스코 세계문화유산에 등재되었다.

31) '염락군현(濂洛群賢)'이란 중국 송대(宋代)의 철학자인 염계 주돈이(周敦頤 1017~1073)를 비롯한 낙양의 학자들을 이른다.

32) 옥산서원 내부의 건물로 '체인묘'는 이언적의 위패를 봉안한 곳이고, '구인당'은 여러 행사와 유림의 회합, 학문 토론 장소로 사용된 강당과 같은 곳이다.

돌아가신 뒤에도 숭배와 존경을 할수록 모자라
문묘 모시고 제사 드리니 그 더욱 성스러운 일이로다
우리 동방 학문이 한, 당, 송에 버금가네
자양 운곡[33]도 아, 여기로다
세심대 내리는 물에 은덕이 이어 흘러
용추[34] 검은 곳에 신물[35]도 잠겼으니
하늘이 만든 조화가 그 더욱 기이하구나
끝 없는 이어지는 경치를 더 찾기 어려울사
즐거워 돌아가기 잊어 열흘이나 한 달 정도 오래 머물며
좁고 고집 센 이 몸에 정성과 공경하는 마음 넓혀
선생 문집을 자세히 살펴보니
천 마디 만 마디 말씀 다 성현의 말씀이라
도학의 맥 이어가는 모습이 해 달 같이 밝으시니
어두운 밤길에 밝은 촛불 잡고 가는 듯하다
진실로 이 교훈을 마음속에 가득 담아
정성스러운 뜻 바른 마음으로 (도학) 닦아 넓혀 가면
말은 충실하고 행동은 돈독하여 사람마다 어질 것이다
선생 남긴 교화 지극함이 어떠하뇨
아아, 후생들아 추앙을 더욱 높여
오랜 세월 뒤에 북두같이 우러르자
하늘 높고 땅 두터운 것은 다할 때가 있겠지만
독락당 맑은 바람은 끝 없을까 하노라

---

33) 주자가 서원을 세운 자양(紫陽)과 주자가 공부한 장소인 운곡(雲谷)을 이른다.

34) 용추(龍湫)는 물이 폭포가 되어 떨어지는 그 아래 깊은 물 웅덩이를 이르는 이름이다.

35) '신물(神物)'은 신과 같은 사물이란 뜻이다. 검고 깊은 물 속에 잠긴 신물이란 용과 같은 신령스러운 존재라고 볼 수 있다.

## 〈獨樂堂〉

在慶州玉山卽 晦齊李先生前居堂也 公往尋遺躅 因作此歌
『蘆溪先生文集』 卷之三 〈獨樂堂〉

紫玉山 名勝地예 獨樂堂이 蕭灑ᄒᆞᆷ을
들런디 오래로ᄃᆡ
이몸이 武夫로서 海邊事ㅣ 孔棘거ᄂᆞᆯ
一片 丹心에 奮義를 못내ᄒᆞ야
金鎗 鐵馬로 餘暇업시 奔走터가
中心 景仰이 白首에 더옥깁허
竹杖 芒鞋로 오날사 ᄎᆞ자오니
峰巒은 秀麗ᄒᆞ야 武夷山이 되여잇고
流水ᄂᆞᆫ 盤回ᄒᆞ야 後伊川이 되엿ᄂᆞ다
이러ᄒᆞᆫ 名區에 임ᄌᆡ어이 업도썬고
一千年 新羅와 五百載 高麗에
賢人 君子들이 만히도 지ᄂᆡᆫ마ᄂᆞᆫ
天慳 地祕ᄒᆞ야 我先生ᄭᅴ 기치도다
物各 有主ㅣ 어든 ᄃᆞ토리 이실소냐
靑蘿를 헤혀드러 獨樂堂을 여러ᄂᆡ니
幽閑 景致ᄂᆞᆫ 견ᄒᆞᆯᄃᆡ 뇌야업ᄂᆡ
千竿 脩竹은 碧溪조차 둘너잇고
萬卷 書冊은 四壁의 사혀시니
顔曾이 在左ᄒᆞ고 游夏ᄂᆞᆫ 在右ᄒᆞᆫᄃᆞᆺ
尙友 千古ᄒᆞ며 吟詠을 일을삼아

閒中 靜裏예 潛思 自得ᄒᆞ야
혼자즐겨 ᄒᆞ시덧다
獨樂 이일홈 稱情ᄒᆞᆫ줄 긔뉘알리
司馬溫公 獨樂園이 아무려 조타ᄒᆞᆫᄃᆞᆯ
其間 眞樂이야 이獨樂애 더로손가
尋眞을 못ᄂᆡᄒᆞ야 養眞菴의 도라드러
臨風 靜看ᄒᆞ니 ᄂᆡᄯᅳᆺ도 瑩然ᄒᆞ다
退溪先生 手筆이 眞得인줄 알리로다
觀魚臺 ᄂᆞ려오니
ᄭᆞᆯ온덧ᄒᆞᆫ 盤石의 杖屨痕이 보이ᄂᆞᆫ닷
手栽 長松은 녯빗ᄎᆞᆯ ᄯᅴ여시니
依然 物色이 긔더옥 반가올샤
神淸 氣爽ᄒᆞ야 芝蘭室에 든덧ᄒᆞ다
多少 古跡을 보며문득 ᄉᆡᆼ각ᄒᆞ니
層巖 絶壁은 雲母屛이 절로되야
龍眠 妙手로 그린덧시 버러잇고
百尺 澄潭애 天光 雲影이
얼희여 ᄌᆞᆷ겨시니
光風 霽月이 부ᄂᆞᆫᄃᆞᆺ ᄇᆞᄉᆡᄂᆞᆫᄃᆞᆺ
鳶飛 魚躍을 말업ᄉᆞᆫ 벗을삼아
沉潛 翫索ᄒᆞ야 聖賢事業 ᄒᆞ시덧다
清溪를 빗기건너 釣磯도 宛然할샤
문노라 白鷗들아 녜닐을 아ᄂᆞ산다
嚴子陵이 어ᄂᆡ히예 漢室로 가단말고
苔深 磯上애 暮烟만 ᄌᆞᆷ겨셔라

春服을 ᄉᆡ로입고 詠歸臺에 올라오니
麗景은 古今업서 淸興이 졀로하니
風乎 詠而歸를 오ᄂᆞᆯ다시 본ᄃᆞᆺ하다
臺下 蓮塘의 細雨잠ᄭᆡᆫ 지ᄂᆡ가니
碧玉ᄀᆞᆺᄒᆞᆫ 너븐닙헤 흐ᄎᆡᄂᆞ니 明珠로다
이러ᄒᆞᆫ 淸景을 보암즉도 ᄒᆞ다마ᄂᆞᆫ
濂溪 가신後에 몃몃ᄒᆡ를 디ᄂᆡᆫ게오
依舊 淸香이 다ᄆᆞᆫ혼자 남아고야
紫烟이 빗긴아래 瀑布를 멀리보니
丹崖 노픈ᄀᆞᆺᄒᆡ 긴ᄂᆡ히 걸려ᄂᆞᆫᄃᆞᆺ
香爐峰 긔어ᄃᆡ오 廬山이 예롯던가
澄心臺 구어보니
鄙吝텃 胸襟이 새로온ᄃᆞᆺ ᄒᆞ다마ᄂᆞᆫ
寂莫 空臺예 외로이 안자시니
風淸 鏡面의 山影만 잠겨잇고
綠樹 陰中에 왼갓ᄉᆡ 슬피운다
徘徊 思憶ᄒᆞ며 眞跡을 다차ᄌᆞ니
濯纓臺 淵泉은 古今업시 말다마ᄂᆞᆫ
末路 紅塵에 사ᄅᆞᆷ마다 粉競커든
이리조ᄒᆞᆫ 淸潭애 濯纓ᄒᆞᆫ줄 긔뉘알리
獅子巖 노피올라 道德山을 바라보니
玉蘊 含輝ᄂᆞᆫ 어제론덧 ᄒᆞ다마ᄂᆞᆫ
鳳去 山空ᄒᆞ니 杜鵑만 나죄운다
桃花洞 ᄂᆞ린물리 不舍 晝夜ᄒᆞ야
落花조차 흘러오니

天台ㄴ가 武陵인가 이ᄯᅡ히 어ᄃᆡ게오
仙蹤이 아득ᄒᆞ니 아모ᄃᆡ줄 모ᄅᆞ로다
仁者도 아닌몸이 므ᄉᆞᆷ理를 알리마ᄂᆞᆫ
樂山 忘歸ᄒᆞ야 奇巖을 다시비겨
川原 遠近에 景致를 살펴보니
萬紫 千紅은 비단빗치 되어잇고
衆卉 群芳은 谷風에 ᄂᆞᆯ려오고
山寺 鍾聲은 구ᄅᆞᆷ밧긔 들리ᄂᆞ다
이러한 形勝을 范希文의 文筆인들
다서ᄂᆡ기 쉬울넌가
滿眼 風景이 客興을 도오ᄂᆞᆫᄃᆞᆺ
任意 逍遙ᄒᆞ며 짐즉더듸 도라오니
擧目 西岑의 夕陽이 거의로다
獨樂堂 고쳐올나 左右를 살펴보니
先生 風彩을 親히만나 뵈ᄋᆞᆸᄂᆞᆫᄃᆞᆺ
羹墻의 儼然ᄒᆞ야 俯仰 歎息ᄒᆞ며
當時 ᄒᆞ시던닐 다시곰 思想ᄒᆞ니
明牕 靜几예 世慮을 이즈시고
聖賢書의 着意ᄒᆞ야 攻效을 일워ᄂᆡ여
繼往 開來ᄒᆞ야 吾道를 발키시니
吾東方 樂只 君子ᄂᆞᆫ 다ᄆᆞᆫ인가 너기로라
ᄒᆞ믈며
孝悌를 本을삼고 忠誠을 벱허ᄂᆡ여
聖朝의 나아들러 稷契의 몸이되야
唐虞 盛時를 일월가 바라더가

時運이 不幸ᄒᆞ야 忠賢을 遠斥ᄒᆞ니
듯ᄂᆞ니 보ᄂᆞ니 深山 窮谷앤들
뉘아니 悲感ᄒᆞ리
七年 長沙ᄋᆡ 不見 天日ᄒᆞ고
閉門 深省ᄒᆞ샤 道德만 닷그시니
邪不 勝正이라 公論이 결로이러
尊崇 道德을 사람마다 ᄒᆞᆯ줄아라
江界ᄂᆞᆫ 謫所로ᄃᆡ 遺化를 못니이져
窮巷 絶域의 祠宇좃차 서워시니
士林 趨仰이야 더옥닐러 무엇ᄒᆞ리
紫玉 泉石우희 書院을 디어두고
濟濟 青襟이 絃誦聲을 이어시니
濂洛 群賢이 이ᄯᅡ희 뫼왓ᄂᆞᆫ닷
求仁堂 도라올라 體仁廟도 嚴肅ᄒᆞᆯ샤
千秋 血食이 偶然아닌 일이로다
追崇 尊敬을 ᄒᆞᆯ소록 못니ᄒᆞ야
文廟 從享이 긔더옥 盛事로다
吾東方 文憲이 漢唐宋애 비긔로쇠
紫陽 雲谷도 어즈버 여긔로다
洗心臺 ᄂᆞ린물에 德澤이 이어흘러
龍湫 감흔곳에 神物조차 ᄌᆞᆷ겨시니
天工 造化ㅣ 긔더옥 奇異코야
無邊 一景을 더ᄎᆞᆺ기 어려올ᄉᆡ
樂而 忘返ᄒᆞ야 旬月을 淹留ᄒᆞ며
固陋ᄒᆞᆫ 이몸애 誠敬을 넙이ᄒᆞ야

先生 文集을 仔細히 살펴보니
千言萬語 다聖賢의 말삼이라
道脉 工程이 日月갓치 븕가시니
어드운 밤길희 明燭잡고 옌덧ᄒᆞ다
진실로 이遺訓을 腔子裏에 가ᄃᆞ 담아
誠意 正心ᄒᆞ야 修誠을 넙에ᄒᆞ면
言忠 行篤ᄒᆞ야 사ᄅᆞᆷ[36]마다 어질로다
先生 遺化 至極홈이 엇더ᄒᆞ뇨
嗟哉 後生들아 趨仰을 더옥 놉혀
萬世 千秋에 山斗갓치 바ᄅᆡ사라
天高 地厚도 有時盡 ᄒᆞ려니와
獨樂堂 淸田은 가업심가 ᄒᆞ노라

---

36) '사ᄅᆞᆷ(사람)'의 오기로 본다.

# 6. 소유정가

〈소유정가〉는 1980년에 개별적으로 발굴되었고 창작 시기는 정확히 알려지지 않았지만, 대체로 〈소유정가〉의 창작 시기를 박인로가 57세이던 1617년으로 본다. 이는 1617년 한강(寒岡) 정구(鄭逑 1543~1620)가 동래 온천에 다녀오는 길에 '소유정'에 들렀는데 이때 박인로가 동행했다고 알려졌기 때문이다.[1)]

〈소유정가〉에서 노래하는 '소유정'은 대구광역시 검단동 금호강변 왕옥산(王屋山) 자락에 지어졌다고 알려진 정자이다. 처음 지어진 때는 1561년이었으나 전란으로 소실되고 재건되기를 몇 차례 거쳤고, 지금은 그 터만 남아 있다. 이러한 과정은 〈소유정가〉 서두 부분에서 남의 손에 빼앗겼다가 천운으로 옛 주인에게 돌아왔다("엇그제 이勝地 놈의손듸 앗겻더니 天運이 循環ᄒᆞ야 舊主에 도라오니")는 표현으로 나타나 있다.

'소유정'에 관한 것은 소유정의 제영록[2)]인 『소유정제영(小有亭題詠)』을 통해서 잘 알 수 있다. 『소유정제영』은 1561년 '소유정'을 처음 건립한 송담(松潭) 채응린(蔡應麟 1529~1584)의 〈제영본운(題詠本韻)〉과 그 본

1) 이러한 견해는 〈소유정가〉를 발굴한 김문기의 논문이 대표적이다.(김문기, 「〈소유정가〉의 특징과 가치」, 『한국학논집』, 계명대학교 한국학연구원, 1989, 77쪽 참고.

2) '제영록(題詠錄)'이란 정자(亭子)를 찾은 방문자들이 정자를 찾은 느낌이나 경치를 쓴 시(제영시)를 모은 기록집을 말한다. 제영시에는 관직명과 이름을 밝히기 때문에 '제영록'은 정자의 명성, 방문자의 면면과 시기를 알 수 있는 자료가 된다.

운(시)에 차운(次韻)한 방문객들의 시가 필사되어 있는 제영록이다.[3] 『소유정제영』에는 방문자 80여 분의 관직명·이름과 함께 그들이 지은 차운시 110여 편이 수록되어 있다.[4] 이는 당시 '소유정'의 뛰어난 경치가 전국에 알려져 많은 관직자들과 유학자들이 찾았던 곳임을 알 수 있게 한다.

작품에서 표현한 것처럼 '소유정' 터에서 보면 바로 앞은 금호강이 흘러 시야가 넓게 보이며 북쪽의 팔공산과 남쪽의 비슬산이 잘 보인다. 〈소유정가〉는 '소유정'이 지닌 가치를 드러내는 것으로 시작한다. 매우 뛰어난 경치의 중심에 위치한 '소유정'을 옛 문헌 속 훌륭한 건축물과 비유하여 '소유정'의 상징성과 가치를 드러내었다. 그 이후에는 '소유정' 주변의 자연을 직접 찾아가 경험한 의미 있는 일들과 그로 인해 느낀 깊은 서정도 표현하였다.

특히 〈소유정가〉에는 '소유정'만 나타낸 것이 아니라 '소유정' 주변으로 나가 의미를 찾음으로써 '소유정'이 지닌 가치를 주변으로 확장하는 데까지 나타내어 더욱 의미가 있다. 뿐만 아니라 '소유정'은 자연을 즐기는 작가의 성향과 임금에 대한 충성심이 발현되는 곳이기도 하다는 것을 표현하였다.

이처럼 〈소유정가〉에는 작가 박인로가 실제로 찾아가 보았던 '소유정'의 모습을 바탕으로 그의 의식에 내재된 유자적 관념이 혼합되어 나타난다. 즉, 바라보고 체험한 '소유정'의 모습과 깊은 서정을 표현하면서도 그가 지향하는 유학자적 의식을 함께 드러낸 작품이 〈소유정가〉이다.

---

3) 『소유정제영(小有亭題詠)』은 인천 채씨 미대(대구시 북구) 문중 소장본이다.

4) 김성은, 「〈소유정제영〉 시의 장소성 연구」, 『동남어문논집 제45집』, 동남어문학회, 2018, 50쪽 인용.

## 〈소유정가〉

금호강[5] 내린 물이 천 리 밖에 굽이지어
지(之), 현(玄), 을(乙) 자로 흰 모래에 굽어 흘러
천 길 절벽 아래 연못과 늪에 온갖 생물 모였거든
비슬산[6] 한 자락이 동쪽으로 뻗어내려
가던 용이 머무는 듯 강 머리에 뚜렷하거늘
소유정[7] 두세 칸을 바위 의지해 열어내니
봉래산[8] 신선각을 새로 옮겨온 듯
용면[9] 뛰어난 솜씨인들 이같이 그릴런가
악양루[10]에 비친 달이 한 빛으로 밝으니
그 형과 동생이 누구인줄 모르로다[11]

---

5) 금호강(琴湖江)은 경북 포항시 죽장면에서 발원하여 대구광역시 달서구 성서 지역에서 낙동강에 합류되는 강으로 '소유정' 터가 있는 검단동 왕옥산 바로 앞으로 흐른다.

6) 대구 달성군 유가읍에 있는 산이름이다.

7) 소유정(小有亭)은 송담(松潭) 채응린(蔡應麟)(1529~1584)이 1561년 대구의 금호강 가 왕옥산(王屋山) 자락에 세웠던 정자로 북쪽의 팔공산(八公山)과 남쪽의 비슬산(琵瑟山)을 배경으로 굽이 흐르는 금호강(琴湖江)이 한눈에 내려다보이는 곳에 건립되었던 정자이다. 몇 번의 소실 끝에 지금은 터만 남아 있다.(김성은, 「〈소유정가〉의 장소재현과 장소성」, 『어문론총 55호』, 한국문학언어학회, 2011, 164쪽 인용).

8) 봉래산(蓬萊山)은 중국의 전설에 나오는 산으로 신선이 살며 불로불사의 약이 있다고 전한다.

9) '용면(龍眠)' 즉 용면거사(龍眠居士)는 뛰어난 그림 솜씨를 가졌다고 알려진 송나라 이공린(李公麟)의 호이다.

10) 중국 후난성에 있는 고대의 누각이다. 동정호와 장강 근처에 있으며 이름난 누각의 하나로 손꼽힌다.

11) '소유정'을 '악양루'와 비교하면 누가 더 낫고 못한지 모를 정도로 '소유정'이 잘 지어졌다는 뜻이다.

등자경[12] 살았다면 꼭 한 번 다투겠다
엊그제 이 훌륭한 곳 남의 손에 뺏겼더니
천운이 돌아 옛 주인에 돌아오니[13]
자연은 그대로이고 경치는 새롭구나
거울 같은 강물, 갈매기 해오라기는 대 이어 만났구나
어리석고 못난 내가 무슨 뜻 있으리 마는
땅 기운 그러한지 천성이 남과 달라
낚시 그 하나 밖에 만사에 뜻이 없어
꽃 피는 아침 달 뜨는 저녁에 글 읊기 일을 삼아
눈에 가득한 자연의 경치를 살펴보니
가지각색 모양이야 많기도 하다마는
범희문[14] 없거든 뉘라서 다 쓸런고
쓸 이도 없으니 혼자 볼 뿐이로다
낮술이 갓 깨거늘 낚싯대를 둘러메고
마음 가는 대로 거닐어 낚시터에 건너오니
산 비는 잠깐 개고 햇볕이 쪼이는데
강바람 천천히 부니 거울같은 물이 더욱 맑다
낙수 이천[15]인들 이같이 맑을런가
깊은 돌이 다 보이니 고기 수를 알리로다

---

12) 등자경(滕子京)은 중국 송나라 때 태수로 부임하여 '악양루'를 중수하였고, 범중엄(范仲淹 989~1052)을 초청하여 악양루기(岳陽樓記)를 짓게 한 등종량(滕宗諒 991~1047)이다.

13) 채응린이 1561년에 창건한 소유정은 정유재란 때 퇴각하던 왜병에 의해 소실되었다. 이후 1609년 채응린의 아들 채선길(1569~1646)이 소유정을 중건하였다.

14) 범희문(范希文)은 범중엄(范仲淹 989~1052)을 말한다. 범중엄은 북송 때의 정치가, 문학가, 교육가로 「악양루기(岳陽樓記)」를 지었다.

15) 중국 송나라의 도학자인 정이(程頤)가 살았던 곳의 시내를 말한다.

고기도 낯이 익어 나를 보고 반기는가
놀랠줄을 모르거든 차마 어이 낚을소냐
낚시 그만두고 물가의 고기와 함께 즐기는 벗이 되어
구름 그림자 물빛이 서로 섞여 떨어지니
아, 고기 뛰어오르는 것을 구름 속에 보았구나
한결 맑아지는 마음을 누구에게 전할까
말 없는 따오기 외로이 노을 속을 날아갈 뿐이로다
하물며
팔공산[16] 건너보니 높게 또 낮게
가파른 절벽 치솟은 봉우리 날 위하여 벌였는 듯
넓거든 길지 말거나 길거든 넓지 말거나
흰 베를 끝없이 길게 펼친 듯
부춘[17] 빼어난 경치인들 이 강산에 미칠런가
산을 회돌아 흐르는 물은 견줄 데가 전혀 없다
각별한 신선의 경지라 인간이 아닌 듯하다
예부터 지금까지
영웅 호걸이 많이도 있었지만
하늘이 아끼고 땅이 감추었다 나를 주려 남겨뒀다
다툴 이 없으니 나만 두고 즐기노라
어진 이 산 좋아하고 지혜로운 이 물 좋아한다는 것
어떤 의미에서 한 말인가
못난 이 몸이 어짊과 지혜를 알랴마는

---

16) 대구광역시 북부를 둘러싸고 있는 산으로 높이는 1,192m이며, 1980년 도립공원으로 지정되었다.

17) '부춘산(富春山)'은 후한(後漢)의 엄광(嚴光) 즉, 엄자릉(嚴子陵)이 광무제의 관직 제의를 마다하고 들어가 숨어 산 산 이름이다.

자연을 즐기는 버릇 늙을수록 더해간다
저 귀한 삼공과 이 강산을 바꿀소냐[18]
어리석고 미친 말에 웃을 이 많다마는
아무리 웃어도 나는 좋게 여기노라
여기 있고 여기서 사니 생업은 얼마치랴
시골 사는 노인의 생애를 많다고야 할까마는
조상 추모하는 제사나 정성으로 받든 후에
있으면 죽이오 없으면 굶을만정
그 밖의 남은 일을 조금이라도 바랄소냐
생각도 근심도 없이 이 강산에 누웠으니
산 밖의 세상 일은 듣도 보도 못하노라
피는 꽃 지는 잎 아니면 어느 계절을 알리런고
매화 집에 꽃 피니 새봄을 구경[19]하랴
지팡이 쥐고 아이를 불러내어
앞서거니 뒤서거니 삼삼 오오[20]
이(백)과 두(보) 시를 섞어 읊고
속잎 난 잔디 위를 천천히 걸어서
맑은 강에 발을 씻고 꽃 찾고 버들과 노니다가
흥을 타고 돌아오니

---

18) 삼공(三公)이란 삼정승 즉, 영의정·좌의정·우의정의 높은 관직을 말하는 것으로, 삼공직과 바꾸지 않을 정도로 자연을 좋아한다는 뜻이다. 이와 유사한 표현은 〈선상탄〉과 〈노계가〉에도 나타나며 〈사제곡〉에서는 "삼공불환 차강산(三公不換此江山)"으로 나타난다.

19) 원문에는 '귀경(貴景)'이라 되어 있는데, 앞 구절인 '새봄을'과 연결하면 '구경하다'의 경상도 방언인 '귀경하다'라는 서술어로 볼 수 있다.

20) 원문에는 '오오삼삼(五五三三)'으로 되어 있으나 '삼삼오오'라는 표현이 익숙하므로 '삼삼오오'로 바꾸었다.

'풍호 영이귀'[21]인들 이 흥에 더할손가
봄 흥이 이렇거든 가을 흥이야 적을소냐
선선한 가을바람 마당가를 지나 불어
지는 오동잎 하나가 새 가을 알리네
장한의 강동거[22]도 오늘날 아니런가
때마침 가을바람이 반가워도 보이네
말술을 달거나 쓰거나 (술)동이 째 메고 벗을 불러
언덕 사이 어촌에 물놀이 가자꾸나
흰 두건을 젖혀 쓰고 작은 배를 타고 오니
바람에 스친 갈대꽃 갠 하늘에 눈이 되어
석양에 높이 날아 어지러이 뿌리는데
갈대잎에 닻을 놓고 누에 짚자리 그물을
물결 잔잔한 긴 강의 자줏빛 비늘 은빛 아가미를
수없이 잡아내어
연잎에 담은 물고기와 질동이에 채운 술을
물리도록 먹은 후에
이끼 낀 넓은 돌에 높이 베고 누웠으니
희황[23]의 천지를 오늘 다시 보는구나
잠깐 잠 들었다가 어부 소리[24]에 깨어나니

---

21) 바람을 쐬면서 시를 읊으며 돌아오는 것으로 『논어(論語)』 〈선진(先進)〉 "풍호무우영이귀(風乎舞雩詠而歸)"에 따른 구절이다.

22) '장한 강동거(張翰 江東去)'란 중국 진나라 사람 장한이 가을이 되자 자기 고향의 음식이 먹고 싶다며 벼슬을 버리고 고향으로 돌아간 것을 말한다.

23) 희황(羲皇)은 흔히 복희씨(伏羲氏)로 불리는 삼황오제(三皇五帝) 중 으뜸으로 꼽는 중국 고대의 전설상의 제왕이다. 짐승을 길들이고 음식을 익혀 먹는 법과 낚시하는 법, 철로 무기를 만들어 사냥하는 법을 백성에게 가르쳤으며 결혼제도를 만들었다고 알려진다.

가을 달이 강에 가득 차 밤빛을 이루었거늘
반쯤 취해 한가히 읊으며 배 타고 건너오니
물결 아래 잠긴 달은 또 무슨 달인게오
달 위에 배를 타고 달 아래 앉았으니
문득 생각은 달 궁전에 올랐는 듯
세상 밖 기이한 경관이 지나치게 좋아 보이는구나
맑은 경치를 다투면 내 분수에 가질까 마는
가지려 해도 말리지 않아 나만 가진 듯 여기노라
놀기에 빠져 돌아갈 줄 잊었구나
아이야 닻 올려라! 만조에 (배) 띄워 가자
푸른 줄풀 잎 위로 강바람이 가만히 불어
돌아오는 배를 재촉하는 듯
아득하던 앞산이 금세 뒷산으로 보이는구나
잠깐 사이 날개 돋아 연잎 배에 올라앉은 듯
물결 위 노을 헤치고 달밤에 돌아오니
동파 적벽에서 놀았다 한들[25] 이 내 흥에 미칠런가
자연의 흥미는 나만 가진 것인가 여기노라
요임금 성세에 소허[26]도 아닌 것이
백발 평생 이 이름 난 땅의 임자 되어
봄이라 이러하고 가을이라 그러하니

---

24) '의내성(疑乃聲)'은 어부가 배를 저으며 내는 소리의 의성어이다.

25) 송나라의 시인 소식(蘇軾) 즉 소동파(蘇東坡, 1036~1101)의 「적벽부(赤壁賦)」를 말한다. 「적벽부(赤壁賦)」는 뱃놀이를 하면서 적벽대전을 회상하고 쓴 작품이다.

26) 소허(巢許)란 소부(巢父)와 허유(許由) 두 사람을 말한다. 이들은 중국 요나라 사람으로, 요(堯)임금이 제시하는 벼슬을 마다하고 지조와 절개를 지키며 자연에 숨어서 살았다.

이 사이 참된 즐거움은 벼슬 없는 선비의 극치 아닐소냐
이 땅이 누구 땅인가 임금의 땅이로쇠
성군의 신하로 쓰임즉도 하다만은
내가 어리석거든 직설[27]이 될 수 있으리
태평하고 좋은 풍속에 모두가 버린 사람 되어[28]
가을 달 봄바람에 잘 잘못 없이 누웠구나
아마도 이 몸이 성은도 망극할사
백번을 죽어도 갚을 일이 어려워라
궁핍과 영달의 길이 달라 못 모시고 물러났어도
부족하나마 충성심은 갈수록 새롭구나
평생에 품은 뜻을 비나이다 하느님께
북쪽 바닷물 마르도록 우리 임금 만수 누리게 하소서
요순 세상[29]을 언제나 보게 하소서
수 많은 백성들 격양가[30]를 부르게 하소서
이 몸은
이 강가 정자와 자연에서 늙을 줄 모르리라

---

27) 태평성대를 이룬 요순(堯舜) 중 순임금의 두 신하인 후직(后稷)과 설(契)을 말한다.

28) 'ᄇᆞ린 사람' 즉 '버려진 사람'이란 박인로가 일찍 관직에 나가지 못한 것과 무관직에 그쳤음을 그렇게 인식하고 표현한 것이다. 〈노계가〉에도 유사한 표현이 나타난다.'

29) '요천(堯天) 순일(舜日)'이란 고대 중국의 요(堯) 임금과 순(舜) 임금이 다스리던 태평성세를 이른다.

30) 풍년이 되어 농부가 태평한 세월을 즐기며 부르는 노래이다. 중국 고대 요(堯) 임금이 다스리던 시대에 백성들이 태평성세를 즐기며 부르던 노래 '격양가'에서 유래했다.

## 〈小有亭歌〉

琴湖江 ᄂᆞ린믈이 千里밧ᄭᅴ 구븨지어
之玄 乙字로 白沙의 빗ᄭᅵ흘러
千丈 絶壁下의 萬族淵藪 되얏거ᄃᆞᆫ
琵琶山 ᄒᆞᆫ활기 東다히로 버더ᄂᆞ려
가던龍이 머므ᄂᆞᆫᄃᆞᆺ 江頭에 두렷거ᄂᆞᆯ
小有亭 두세間을 바회지켜 여러내니
蓬萊 仙閣을 새로옴겨 내여온ᄃᆞᆺ
龍眠 妙手인ᄃᆞᆯ 이ᄀᆞᆺ치 그릴런가
岳陽樓의 비쵠ᄃᆞᆯ이 ᄒᆞᆫ비츠로 ᄇᆞᆯ가시니
其兄 其弟ᄅᆞᆯ 아ᄆᆡ귄줄 모ᄅᆞ로다
滕子京 사라던ᄃᆞᆯ 必然ᄒᆞᆫ번 ᄃᆞ톨렷ᄯᅡ
엇그제 이勝地 ᄂᆞᆷ의손ᄃᆡ 앗겻더니
天運이 循環ᄒᆞ야 舊主에 도라오니
山河ᄂᆞᆫ 依舊ᄒᆞ고 景物이 새로왓ᄯᅡ
鏡面 鷗鷺ᄂᆞᆫ 繼世逢이 되얏고야
어리고 拙한거시 므슴志趣 이시리 마ᄂᆞᆫ
地靈이 그러ᄒᆞᆫ지 天性이 ᄂᆞᆷ과달라
一釣竿 밧ᄭᅴ 萬事의 ᄯᅳ지업서
花朝 月夕의 吟詠을 일을삼아
滿目 湖山의 景致ᄅᆞᆯ ᄉᆞᆯ펴보니
千態 萬狀이야 아마도 만타마ᄂᆞᆫ
范希文 업거ᄃᆞᆫ 뉘라셔 다쁠런고

쓸이도 업스니 혼자볼 뿐이로다
午酒이 初醒커를 낫대를 두러메고
任意 逍遙ᄒ야 釣臺예 건너오니
山雨ᄂᆞᆫ 잠간개고 大陽이 쬐오ᄂᆞᆫ듸
江風이 더듸오니 鏡面이 더욱 묽다
洛水 伊川인들 이ᄀᆞ치 믈글런가
깁픈돌이 다보이니 고기數를 알리로다
고기도 ᄂᆞ치니거 나를보고 반기ᄂᆞᆫ가
놀낼주를 모ᄅᆞ거든 ᄎᆞ마어이 낫쓸소니
罷釣 臨淵의 魚共樂이 버지되야
雲影 川光이 어릐여 ᄡᅥ러지니
於刃31) 魚躍을 구름속애 보아괴야
一般 淸意를 눌더려 議論ᄒᆞ고
말업슨 孤鶩이 落霞齊飛 ᄲᅮᆫ이로다
ᄒᆞ믈며
八公山 건너보니 노프락 ᄂᆞ즈락
峭壁 鑽峯이 날위ᄒᆞ야 버러ᄂᆞᆫ듯
넙거든 기지마나 길거든 넙지마나
白練 萬丈을 굿굿치 채폇ᄂᆞᆫ듯
富春 形勝인들 이江山의 믿츨런가
山回 水曲이 견홀듸 뇌야업다
各別ᄒᆞᆫ 仙界라 人間이 아닌듯ᄯᅡ
古往 今來예

---

英雄 豪傑이 만히도 지낸마ᄂᆞᆫ
天慳 地祕ᄒᆞ야 나ᄅᆞᆯ주랴 남과덧ᄶᅡ
ᄃᆞ토리 업스니 나만두고 즐기노라
仁者 樂山과 智者 樂水ᄅᆞᆯ
엇지닐온 말ᄉᆞᆷ인고
無狀ᄒᆞᆫ 이몸이 仁智ᄅᆞᆯ 알랴마ᄂᆞᆫ
山水예 癖이지니 ᄂᆞᆯ글소록 더어간다
져貴ᄒᆞᆫ 三公과 이江山을 밧ᄭᅩᆯ소냐
어리고 미친말을 우으리 만타마ᄂᆞᆫ
아ᄆᆞ리 우어도 나ᄂᆞᆫ죠히 녀기로라
爰居 爰處ᄒᆞ다 恒産인ᄃᆞᆯ 얼머치리
野老 生涯ᄅᆞᆯ 만타야 ᄒᆞᆯ가마ᄂᆞᆫ
追遠 奉祭祀나 誠敬으로 닐원後의
이시면 粥이오 업스면 굴믈만졍
그밧씌 나믄일을 져그나 ᄇᆞᆯ알소냐
無思 無慮ᄒᆞ야 이江山의 누어시니
山밧씌 世上일은 듯도보도 못ᄒᆞ로라
花開葉落 아니면 어ᄂᆡ節을 알리런고
梅堂의 곳픠거ᄂᆞᆯ 새봄을 貴景ᄒᆞ랴
青藜杖 빗ᄭᅵ쥐고 童子ᄅᆞᆯ 블러내여
앏뼈락 뒤뼈락 五五 三三이
李杜詩ᄅᆞᆯ 섯거읍고
솝닙난 댠되예 足容重케 흣거러
淸江의 바ᄅᆞᆯᄡᅵᆺ고 訪花 隨柳ᄒᆞ여

興을ᄐᆞ고 도라오니
風乎 詠而歸인ᄃᆞᆯ 이興에 더을손가
春興이 이러커든 秋興이야 져글소냐
金風 一陣이 庭畔의 지나부러
지ᄂᆞᆫ머괴 ᄒᆞᆫ닙피 새ᄀᆞᄅᆞᆯ 알외ᄂᆞ다
張翰의 江東去도 오ᄂᆞᆯ날 아니런가
正値 秋風이 반가와도 보이ᄂᆞ다
斗酒ᄅᆞᆯ ᄃᆞ나ᄡᅳ나 甁ᄶᅢ메고 버들블러
隔岸 漁村애 내노리 가쟈ᄡᅳ라
白接羅ᄅᆞᆯ 졋ᄡᅳ고 小艇을 ᄐᆞ고오니
ᄇᆞ람의 ᄌᆞ친蘆花 갠하ᄂᆞ래 눈이되야
斜陽의 놉피ᄂᆞ라 어즈러이 섇리ᄂᆞᆫᄃᆡ
ᄀᆞᆯ닙페 닷틀노코 蠶吐ㅅ집 그믈을
결잔 긴江의 紫鱗 銀昏[32]을
數업시 자바내여
蓮닙페 다ᄆᆞᆫ鮫과 질甁의 ᄎᆡ운수ᄅᆞᆯ
厭飫토록 머근後의
苔磯 너븐돌애 놉피볘고 누어시니
羲皇 天地ᄅᆞᆯ 오ᄂᆞᆯ다시 보아괴야
져근듯 ᄌᆞᆷ드러 疑乃聲의 ᄭᆡᄃᆞ라니
秋月이 滿江ᄒᆞ야 밤비츨 일허거ᄂᆞᆯ
半醉 閑吟ᄒᆞ고 舡上의 건너오니
波底의 ᄌᆞᆷ긴ᄃᆞᆯ은 ᄯᅩ어인 ᄃᆞᆯ인게오

32) '은진(銀昏)'은 '은순(銀脣-은빛 아가미)'을 잘못 쓴 글자로 본다.

ᄃᆞᆯ우희 ᄇᆡ를ᄐᆞ고 ᄃᆞᆯ아래 안자시니
문득 疑心은 月宮의 올라ᄂᆞᆫᄃᆞᆺ
物外 奇觀이 ᄎᆞᆷ남ᄒᆞ야 보이ᄂᆞ다
淸景을 ᄃᆞ토면 내分에 두랴마ᄂᆞᆫ
取之 無禁이라 나만둔가 녀기노라
놀기예 貪ᄒᆞ야 도라갈줄 니젓덧ᄊᆞ
아ᄒᆡ야 닷드러라 晩潮애 ᄶᅴ여가쟈
靑菰 葉上의 江風이 짐즛니러
歸帆을 뵈야ᄂᆞᆫᄃᆞᆺ
아득던 前山이 忽後山의 보이ᄂᆞ다
須臾 羽化ᄒᆞ여 蓮葉舟에 올라ᄂᆞᆫᄃᆞᆺ
烟波ᄅᆞᆯ 헤치고 月中의 도라오니
東坡 赤壁遊 인ᄃᆞᆯ 이내興에 미ᄎᆞᆯ런가
江湖 興味ᄂᆞᆫ 나만둔가 녀기노라
堯明 聖世예 巢許도 아닌거시
白首 生平의 이名區에 님재되야
봄이라 이러ᄒᆞ고 ᄀᆞ을이라 그러ᄒᆞ니
此間 眞樂이 布衣極 아닐소냐
이江山 뉘ᄡᅡ고 聖主의 ᄊᆞ히로쇠
聖主의 臣子ᄅᆞᆯ 삠즉도 ᄒᆞ다마ᄂᆞᆫ
이몸이 어리거ᄃᆞᆫ 稷契이 되랴런가
大平 文敎애 모다ᄇᆞ린 사ᄅᆞᆷ되야
秋月 春風의 是非업시 누엇ᄭᅬ야
아마도 이몸이 聖恩도 罔極ᄒᆞᆯ샤

百番을 주거도 가플일이 어려웨라
窮達이 길히달라 못뫼옵고 믈러셔도
犬馬 微誠은 갈소록 새롭ᄂᆞ다
平生애 품은뜻을 비노이다 하ᄂᆞ님씌
北海水 여위도록 우리聖主 萬歲쇼셔
堯天 舜日을 每每보게 삼기쇼셔
億兆 生靈을 擊壤歌를 블리쇼셔
이몸은
이江亭 風月의 늘을뉘ᄅᆞᆯ 모ᄅᆞ리라

# 7. 영남가

〈영남가〉는 제목 아래 '을해(乙亥 1635)'라는 기록을 바탕으로 창작 년도를 분명히 알 수 있다. 그런데 같은 기록에 나타나는 '이근원(李謹元)'이라는 사람이 실제로 영남의 안절사로 근무했다는 기록은 없다.[1] 『노계선생문집』의 원간인 『노계집』이 1831년에 간행되었으니 '이근원(李謹元)'이라는 기록은 〈영남가〉 창작 후 200여 년이 지난 때이라 오류일 수 있다. 하지만 창작 연대는 1635년으로 분명히 기록되어 있어 〈영남가〉는 박인로 나이 70대 중반에 창작한 작품이 된다.

〈영남가〉는 을해년(1635) 임기가 끝나 돌아가는 영남 순찰사가 베푼 훌륭한 정치를 찬미하기 위해 지은 작품이다. 그런 까닭에 임란 후 피폐했던 영남지방의 과거 상황과 순찰사가가 부임해 온 이후 달라진 영남지방의 모습을 대조적으로 드러냄으로써 순찰사의 선정을 거듭 부각시키는 내용으로 이루어져 있다.[2]

영남지방은 지리적으로 왜적이 침입한 첫머리에 위치했으므로 다른 지

---

1) 〈영남가〉의 찬양 대상은 이기조(李基祚 1595~1653)라는 설이 유력하다고 볼 수 있다. 이기조는 경상감사로 1634~1635년 동안 근무했다고 기록되어 있다. 1634~1635년이라는 기간은 〈영남가〉가의 창작 시기와 일치하고, 이기조가 경상감사를 맡았을 때 선정을 베풀었다고 전해지며, 무엇보다 이기조는 박인로와 가까이 지내던 이덕형의 손자 사위여서 〈영남가〉의 찬양 대상은 이기조라는 것이 유력하다.

2) 김성은, 「노계 박인로 가사의 공간 연구」, 경북대학교대학원 박사학위논문, 2013, 84쪽 참고.

방보다 피해가 클 수밖에 없었다. 전란이 끝난 뒤 목숨만 겨우 건진 영남 지방 백성들의 생활은 황폐해진 환경 속에서 먹을거리를 마련해야 하고 전란 복구를 위한 부역에도 동원되어야 하는 설상가상의 현실에 처해있었다. 그런 영남지방에 훌륭한 정치가가 부임해 와서 백성들로 하여금 각자 맡은 바를 제대로 해 낼 수 있게 하니, 촌락마다 질서가 잡히고 생활은 안정되어 영남지방의 현실은 순찰사가 부임해오기 이전과는 판이하게 달라졌다는 것이다.[3)]

임진왜란 직후에는 지방 수령에 대한 백성의 불신 풍조가 팽배했고, 백성들을 제대로 보살피지 못한 지방 관리에게 책임을 물어 엄벌하기도 했다. 국가는 이러한 불신 풍조를 성리학을 다시 강화하는 것으로 사회 윤리를 재확립하여 안정을 꾀하고자 했다.

작품의 끝부분에서 '영남의 사족과 백성들아(嶺南 士民들아)'를 외치는 것에서도 알 수 있듯이 박인로는 그러한 국가의 의도를 백성에게 적극적으로 알리고 실천해야 한다는 사족으로서의 책임감을 느꼈을 것이다. 당시 가사 작품을 창작하는 것은 주로 양반 계층이었으나 그 효용은 일반 백성도 포함할 수 있는 범위에 있었기에, 박인로는 순찰사의 훌륭한 정치로 피폐했던 영남지방이 안정되었다는 것을 강조하는 내용을 담아 〈영남가〉를 창작하였던 것이다. 이는 전쟁 이후 사회 윤리를 재확립하여 안정을 꾀해야 한다는 사족의 책임감을 드러낸 것으로 볼 수 있다.

3) 김성은, 박사학위논문 앞의 책, 56쪽 참고.

## 〈영남가〉

을해년(인조13, 1635) 상국 이근원은 영남의 안절사로 부임해서 덕을 베풀고 교화를 폈으며, 하나의 도(一道)를 한 집(一家)같이 보살폈다. (그 후) 마땅히 돌아가야 함에도 백성들은 모두 은혜에 감격하여 머물기를 원했다. 이에 공이 노래를 짓고 찬미하였다.
『노계집』(원간본) 〈영남가〉

영남 천 리 밖[4]에 임진란 후 남은 백성
왜적 침략한 첫머리에 어느 가업 가질런고
잡풀 파묻힌 땅에 띠집 몇 간 지어두고
거칠고 메마른 논밭을 간들 얼마나 갈리런고
가뜩 일 많은데 부역[5]이나 적을런가
아침 저녁도 못 이어 (먹어) 춥고 배고픔 속에 늙은들
임금 그리는 마음이야 어느 때에 잊을런고
밝은 해 같은 성스러움으로 만 리 밖을 다 보시니
깊은 인자함 지극한 덕으로 측은함에 뜻을 두셔서
순상합하를 특별히 보내시니
영남 남은 백성이 다시 사는 것 아닌가
백옥같이 맑으시고 큰 바다같이 깊은 뜻에
덕을 밝히고 백성을 새롭게 하는 것에 일을 삼아
9경[6] 8목[7]을 정성스럽게 공경하게 하고

---

4) '천리 밖'이란 한양을 기준으로 영남은 천리 밖에 있는 곳이라는 뜻이다.
5) 부역은 국가나 공공단체가 국민에게 의무적으로 시키는 노동을 말한다.
6) 구경(九經)이란 수신(修身 몸을 닦음), 존현(尊賢 현자를 높임), 친친(親親 가까운 이를 받듦), 경대신(敬大臣 대신을 공경함), 체군신(體羣臣 여러 신하를 살핌), 자

직설 고요 몸이 되어 요순같은 임금을[8]
뵙고야 말겠다고 여겨
유풍 받들고 베풀며 백성 보살필 뜻을 두셔서
칠십 고을 한 집 삼아 부모 마음을 가지시고
어머니가 모든 아이 살피듯 은혜를 베푸시니
큰 가뭄에 온갖 곡식이 때 맞춰 비를 맞난 듯
수레바퀴 자국 괸 물에 말라가던 고기가 깊은 물에 잠기는 듯
수많은 모든 집에 덕 고루 미치시니
세태와 인정에 물들지 않은 봄바람이 한 빛으로 부는 듯 하다
상국(순상합하) 은혜는 견줄 데 전혀 없네
농사와 누에치기를 권하시며 군정도 닦으시니
남자 밭 갈고 여자는 베를 짜 모든 백성이 편안히 생업하고
활과 화살로써 군사 대비도 갖추었네
하물며
맑고 깨끗한 정신에 비 갠 달같은 회포 품으시고
진심으로 나랏일 하여 충성을 다하시며
학교에서 인류 밝힘을 정치의 큰 근본 삼아

---

서민(子庶民 백성을 자식같이 사랑함), 래백공(來百工 많은 공장이 서게 함), 유원인(柔遠人 멀리서 온 사람을 잘 다룸), 회제후(懷諸侯 제후국을 포용함)이다. 이는 『중용』에 나오는 천하국가를 다스리기 위해 반드시 갖추어야 할 아홉 가지 목록을 말한다.

7) 팔목(八目)이란 격물(格物 사물의 이치를 밝힘), 치지(致知 앎에 이름), 성의(誠意 정성스런 뜻을 지님), 정심(正心 마음을 바르게 가짐), 수신(修身 심신을 닦음), 제가(齊家 집안을 바로잡음), 치국(治國 나라르 다스림), 평천하(平天下 천하를 평정함)이다. 이는 『대학(大學)』에 나오는 여덟 덕목을 말한다.

8) 후직(后稷)과 설(契) 그리고 고요(皐陶)는 순임금의 신하이다. 순임금은 중국 신화 속 삼황오제(三皇五帝) 가운데 오제의 마지막 군주이다. 앞선 요(堯) 임금과 함께 이른바 '요순(堯舜)'이라 하여 이들이 다스리던 시대를 태평성세라고 한다.

유학 그 하나를 자신의 임무 삼으시니
우리 도(영남) 행운 가득한 때가 온 것 아닌가
정치 이렇거니 누가 아니 감격하리
다른 읍 수령이 상국의 법을 (본)받아
백성 사랑하는 한마음이 먼 곳 가까운 곳 없이 다 같으니
엊그제 석호촌이[9] 무릉도원 되었는가
대나무 소나무 있는 집에 거문고 타며 시 읊는 소리 이었거늘
푸른 버들 정자 가에 격양가[10]를 부르니
무회씨[11] 적 사람인가 갈천씨[12] 때 백성인가
당우 성시[13]를 오늘 다시 본 듯하다
그 많던 소송 좋아하던 무리는 어디로 다 간게오
송사가 그치니 감옥이 텅 비었단 말인가
민심이 감화하여 절로 절로 그렇도다
반드시 송사 그치는 일 천 년 뒤에 보았구나
관청 뜰에 일 없으니 촌락도 일이 없다
많고 적은 행인은 남녀 분명 각자의 길로 가고

---

9) 두보(杜甫)의 시 〈석호리(石壕吏)〉에 나오는 마을이 석호촌(石壕村)이다. 〈석호리(石壕吏)〉는 안록산(安祿山)의 난을 맞아 부족한 관군을 채우기 위해 관리들이 백성을 잡아가는 횡포와 이것을 겪는 백성의 고통과 피폐함을 드러낸 시이다.

10) 풍년이 되어 농부가 태평한 세월을 즐기며 부르는 노래이다. 중국 고대 요(堯) 임금이 다스리던 시대에 백성들이 태평성세를 즐기며 부르던 노래 '격양가'에서 유래했다.

11) 무회씨(無懷氏)는 중국 상고시대 제왕이다.

12) 갈천씨(葛天氏)는 중국 상고시대 제왕으로 음악과 춤을 만들고 방직과 의류를 발명했다고 전한다.

13) '당우(唐虞)'의 당(唐)은 도당씨(陶唐氏) 즉 중국 고대의 요(堯)임금이고, 우(虞)는 유우씨(有虞氏) 즉 순(舜)임금을 이르는 말이다. 그러므로 '당우 성시(唐虞 盛時)'란 요임금과 순임금이 다스리던 태평성시를 이른다.

서쪽 둔덕 곳곳에 밭 가는 이 밭둑 사양 하는구나
묻노라 뻐꾹새야 이 땅이 어디오
아! 이 몸이 주나라에 들어온 듯
상국 가르침 아무래도 끝이 없네
소공[14]의 덕화 느껴 한 해 더 머물길 빌고 싶네[15]
영남의 사족과 백성들아 이 내 말씀 자세히 듣소
상국 은덕을 못 잊을 한(가지) 일 하세
고운 비단을 많이 사고 물감을 갖추어 얻어
상국 풍채와 태도를 사마온공[16] 모습같이
무한히 무한히 그려내어
영남의 천만 집집마다 벽 위에 붙여놓고
마음에
그리울 때는 뵙고자 하노라

---

14) 소공(召公)은 중국 주나라 무왕 때의 훌륭한 정승으로 이름은 석(奭)이다.

15) 원문에는 '구군일년(寇君一年)'이라 되어 있는데, 구군(寇君)은 후한 광무제 때 영천지방의 태수를 역임한 구순(寇恂)을 말한다. 구순이 선정을 베풀었으므로 백성들이 일년 더 머물러 달라고 청하였다고 전한다.

16) '사마온공' 즉 사마광(司馬光 1019~1086)은 중국 송나라 때 정치가이자 사학가이다. 중국의 대표적인 역사서로 꼽히는 『자치통감(資治通鑑)』을 편찬했다.

## 〈嶺南歌〉

乙亥 李相國謹元按節嶺南 布德宣化 想一道如一家 當遆 民皆感恩而願留
故公作歌以謹表之
『蘆溪先生文集』 卷之三 〈嶺南歌〉
乙亥 李相國謹元按節嶺南 布德宣化 視一道如一家 當遆 民皆感恩而願留
故公作歌以讚美之
『蘆溪集』(原刊本) 〈嶺南歌〉[17]

嶺南 千里外예 壬辰變後 나믄百姓
賊路[18] 初頭에 어ᄂᆡ世業 가질넌고
遺墟 蕪沒ᄒᆞᆫᄃᆡ 草屋數間 디어두고
陳荒 薄田을 가다얼ᄆᆡ 갈리런고
ᄀᆞᆺ득 多事ᄒᆞᆫ듸 賦役이나 적을넌가
朝夕도 못내이어 飢寒애 늘거신들
戀主 丹心이야 어ᄂᆡ刻애 이즐넌고
白日갓ᄒᆞᆫ 聖明이 萬里밧글 다보시니
深仁 至德으로 惻怛ᄒᆞᆫ ᄯᅳᆺ을두샤
巡相 閤下를 特別이 보내시니
嶺南 殘民이 再生秋 아닌온가

17) 밑줄 그은 부분에서 알 수 있듯이 원간본(1831년)인 『노계집』과 비교했을 때 3간본(1960년)인 『노계선생문집』에 판각의 오류가 있음을 알 수 있다. 그리고 '안절(按節)(사)'로 표기했지만 본문에서는 순찰사를 높여 부르는 '순상합하(巡相閤下)'로 표현하고 있으므로 조선시대 지방에 파견되어 업무를 보던 관직인 '순찰사'로 보기로 한다.

18) 『노계선생문집』본에는 "적뢰(賊賂)"로 판각되어 있으나 잘못된 판각으로 봐서 원간본을 따라 "적로(賊路-왜적이 침입해 온 길)"를 쓴다.

白玉ᄀᆞᆺ치 ᄆᆞᆯ그시고 河海ᄀᆞᆺ치 깁흔ᄯᅳᆺ에
明德 新民을 一身에 일을 삼아
九經 八目을 誠敬中에 부쳐두고
稷契皐陶 몸이되야 致君 堯舜을
뵈ᄋᆞᆸ고야 말랴너겨
承流 宣化ᄒᆞ야 養民ᄒᆞᆯ ᄯᅳᆺ을두샤
七十州 一家삼아 父母心을 가지시고
어미일흘 모든赤子 如保恩을 닙히시니
大旱애 百穀이 時雨를 만나ᄂᆞᆫ닷
涸轍枯魚ㅣ 깁푼소애 잠겨ᄂᆞᆫᄃᆞᆺ
千千 萬萬家애 德化골오 미쳐시니
不世情 東風이 ᄒᆞᆫ빗ᄎᆞ로 부ᄂᆞᆫ덧다
相國 恩波ᄂᆞᆫ 견홀ᄃᆡ 뇌야업ᄂᆡ
農桑을 勸ᄒᆞ시며 軍政도 다그시니
男耕 女織에 萬民이 安業ᄒᆞ고
弓矢 斯張ᄒᆞ야 武備도 ᄀᆞ잣ᄂᆞ다
ᄒᆞ믈며
氷玉 精神에 霽月胸襟 품으시고
盡心 國事ᄒᆞ야 忠誠을 다ᄒᆞ시며
學校 明倫을 政事中에 大本삼아
斯文 一事을 己任을 삼으시니
吾道 辛甚이 時運이 아니온가
政治 이러커니 뉘아니 感激ᄒᆞ리
列邑 守令이 相國의 法을 밧아
愛民 一心이 遠近업시 다ᄀᆞᆺᄒᆞ니

엇거제 石壕村이 武陵桃源 되엿ᄂᆞᆫ가
竹院 松牕애 絃誦聲을 이어거ᄂᆞᆯ
綠楊 亭畔애 擊壤歌을 불러ᄂᆡ니
無懷氏적 사람인가 葛天氏ᄶᅴ 百姓인가
唐虞 盛時을 오ᄂᆞᆯ다시 본ᄃᆞᆺ ᄒᆞ다
許多 好訟輩ᄂᆞᆫ 어드러로 다간게오
獄訟이 止息ᄒᆞ니 囹圄空虛 ᄒᆞ단말가
民心이 感化ᄒᆞ야 졀노졀노 그러토다
必也 使無訟을 千載下애 보아고야
公庭이 無事ᄒᆞ니 村落도 일이업다
多少 行人은 男女分明 異路ᄒᆞ고
西疇 處處에 耕者讓畔 ᄒᆞᄂᆞᆫ괴야
뭇노라 布穀아 이ᄯᅡ히 어ᄃᆡ오
어즈버 이몸이 周界예 드러온ᄃᆞᆺ
相國 風化 아ᄆᆡ도 그지업ᄂᆡ
召公의 德化늣겨 寇君一年 빌고제라
嶺南 士民들아 이내말삼 仔細듯소
相國 恩德을 못니즐 ᄒᆞᆫ닐ᄒᆞ시
齊紈를 만히사고 眞彩를 가초어더
相國 風度를 司馬溫公 畵像갓치
無限無限 그려ᄂᆡ야
嶺南 千萬家애 壁上의 부져두고
中心에
그리온 적이어든 보옵고쟈 ᄒᆞ노라

# 8. 상사곡

『영양역증』 본으로만 전하는 작품인 〈상사곡〉은 제목 옆에 '상주영감명작(尙州令鑒命作)'이라 기록되어 있는데, '상주영감'이란 이덕형의 장자(長子) 이여규(李如圭 1581~1635)를 말한다. 이여규는 1632년부터 1634년 4월까지 경북 상주 부사를 역임했으며 〈상사곡〉은 이 무렵 창작된 것으로 박인로의 나이 72~74세 무렵의 작품이다. 이 무렵은 이여규 뿐만 아니라 이덕형의 아들이며 이여규의 아우인 이여황(李如璜 1590~ ?)도 경북 선산 부사로 와 있던 때인데 이여황은 〈권주가〉를 '명(命)'한 것으로 기록되어 있다. 이 두 형제는 선친인 이덕형과 교유했으며 지리적으로도 가까운 영천에 있던 박인로와 함께한 자리에서 〈상사곡〉과 〈권주가〉 창작을 청했던 것이다.[1)]

〈상사곡〉의 주된 내용은 님과 헤어져 오랫동안 홀로 지내는 서러움과 외롭고도 그리운 마음이며, 그럼에도 불구하고 만나자는 약속을 믿고 끝까지 기다리겠다는 다짐으로 이루어져 있다. 「고당부(高唐賦)」에 나오는 양대(陽臺)의 '구름과 비'를 언급하고, '반경(半鏡)' 즉 남녀가 헤어질 때 흔히 거울을 반으로 나누어 가지는 것에 비유함으로써, 〈상사곡〉은 남녀의 사랑과 이별을 노래한 것으로 볼 수 있다.

'몹시 그리워 하는 노래'라는 의미의 〈상사곡〉이라는 제목과 남녀의 사

1) 김성은, 「노계 박인로 가사의 공간 연구」, 경북대학교대학원 박사학위논문, 2013, 90쪽 인용.

랑과 이별을 표현한 내용은 유학자적 지향이 가득한 '유림전'과 같은 문집에 포함하기엔 부담이 있어 『노계선생문집』 발간자들이 수록하지 않은 것이라고 볼 수 있다. 남녀의 사랑과 이별을 표현한 내용이 거의 대부분을 차지하지만, 박인로 답게 작품의 마지막엔 '조상 봉제사를 정성껏 치른다'는 당위적 덕목도 언급도 해 놓았다.

가사작품으로 많이 알려진 정철(鄭澈 1536~1593)의 가사 작품 〈사미인곡(思美人曲)〉에서의 님은 임금을 의미한다. 그러므로 〈상사곡〉도 〈사미인곡〉과 같은 이른바 '충신연주지사(忠臣戀主之詞)'[2]의 의미를 담아 창작한 것으로 볼 수도 있다. 그럼에도 '양대(陽臺)의 구름과 비', '반경(半鏡)', '비익조(比翼鳥)', '연리지', '쌍쌍이 노는 꾀꼬리' 같이 남녀의 사랑에 대한 표현들이 지배적으로 쓰여 〈상사곡〉은 경직된 유가적 사고에 얽매인 간행자들의 선택을 받을 수 없게 했던 것이고, 오직 『영양역증』 본으로만 전하게 된 것이다.

2) 충신연주지사란 '충신이 임금을 사모하는 노래'라는 뜻으로 사용하는 관용 어구이다.

## 〈상사곡〉

상주 영감이 명하여 지었다.
『영양역증』〈상사곡〉

하늘과 땅 사이 어느 일이 남보다 서러운가
아마도 서럽기는 님 그리워 서러운지고
사랑을 나누었던[3] 때로부터 흘러 몇 해인가
반쪽 거울을 보니 먼지에 묻혔구나
파랑새도 안 오고 흰 기러기도 그쳤으니
소식도 못 듣거든 님의 모습 볼 수 있으리
꽃 핀 아침 달 뜬 저녁에 울며 그릴 뿐이로다
그리워도 못 보니 그리기도 말자 여겨
나도 (대)장부로서 모진 마음 먹고
이제는 잊자 한들 눈에 절로 밟히거든
서러워 아니 그릴소냐
그리운데 못 보니 하루가 삼 년이로다
원수라 원수 아닌가 못 잊기 원수로다
거처 옮기며 아내 버리는 것은 그 어떤 사람인고
있는 데 안다면 아주 먼 곳[4]인들 아니가랴
무심코 쉽게 잊는 일 배워나 보고 싶네

---

3) '양대(陽臺)'는 송옥(宋玉)이 지은 「고당부(高唐賦)」에 초나라 양왕(襄王)과의 대화에서, 옛 왕이 무산(巫山)의 여인과 잠자리를 한 장소로 언급된다. 구름과 비가 만나는 것을 남녀가 나누는 잠자리에 비유하였다.

4) 중국의 진(秦) 나라, 초(楚)나라는 우리로서는 매우 먼 곳이다.

둔하고 어리석은 성질에 무슨 재주 있으리 마는
님 향한 총명이야 사광[5]인들 미칠소냐
총명도 병이 되어 날이 갈수록 지쳐가니
먹던 밥 덜 먹이고 잘 자던 잠 덜 자인다
살 못 찐 얼굴이 근심으로 검어져가니
취한 듯 어지러운 듯
청심원 소합환[6] 마셔도 효험 없다
가슴에 든 병을 편작[7]이라 고칠소냐
사람 목숨이 중해 못 죽어 사는구나
처음 인연 맺을 때 이리되자 했었던가
비익조[8] 부부되어 연리지[9] 숲 아래
나무 둥지 만들고 열매를 먹을만정
이생 뜻은 하루도 이별할 때를
보지 말자 바랐는데
동서에 따로 두고 그리기에 다 늙었다
예부터 하는 말이 견우 직녀를
천상이나 인간에서나 불쌍하다 하건만
그렇더라도 저희는

---

5) '사광(師曠)'은 춘추전국 시대 진 나라의 악사로 청력이 비상하고 예민했으며 절대음감을 지녔다고 알려진 인물이다.

6) 청심원(淸心元) 소합환(蘇合丸)은 정신을 깨우는 약이다.

7) 편작은 중국 전국시대의 명의이다.

8) '비익조(比翼鳥)'는 상상에서만 존재하는 새이다. 각각 눈 하나와 날개 하나씩만 갖고 있기 때문에 한 쌍이 되어야 날 수 있는 새로, 부부의 사이가 돈독해 떼어 놓을 수 없을 정도로 사이 좋은 경우에 비익조로 비유한다.

9) '연리지(連理枝)'는 한 나무와 다른 나무의 가지가 서로 붙어서 나뭇결이 하나로 이어진 나무이다. 화목한 부부나 남녀의 사이를 비유할 때 쓰이기도 한다.

한 해에 한 번을 해마다 보건만
애닯구나 우리는 몇 은하가 가려서
이렇도록 못 보는고
명황은 귀비를 죽여서 이별한 것이니[10]
섧다 섧다 한들 우리같이 서러울런가
살아서 못 보니 더욱이나 망극하다
근심은 불이 되어 가슴에 피어나니
절로 난 그 불이 남의 탓은 아니로되
내가 하도 서러워 수인씨[11]를 원망하노라
함양 궁전이 다만 석 달 붉었어도[12]
지금까지 그 불을 오래 탔다 하건만은
이 원수 이 불은 몇 석 달을 지냈는가
눈물은 장맛비 되고 한숨은 바람이 되어
불거니 뿌리거니 그칠 적도 없으니
이 비로 저 불을 끌 수도 있겠지만
어찌된 불인지 바람 불고 비 오는 중에 타는구나
물 불 상극이란 것도 거짓말이 되었구나
피거니[13] 뿌리거니 승부 없이 싸우거든
조그만 한 몸은 싸움터가 되었네
아이고 하느님이여 칠석 비[14] 내려

10) '명황(明皇) 귀비(貴妃)'란 중국 당나라 현종과 양귀비를 말한다. 안녹산의 난(755~763년)을 수습하기 위해 현종이 양귀비를 처형했다.

11) 수인씨(燧人氏)는 음식을 익혀 먹는 법을 처음 알린 고대 황제로 알려졌다.

12) '함양(咸陽) 궁전(宮殿)'은 중국 진나라의 수도 함양에 세웠던 궁전을 말한다. 초패왕 항우가 쳐들어와서 함양을 함락하고 궁전에 불을 질렀는데 이 불이 석달 동안 탔다고 한다.

13) '피거니'는 '불길이 피어 오르거니'로 해석할 수 있다.

이 싸움 말리소서
불쌍한 이 몸은 살까 여겨 바랍니다
알고 싶네 전생에 무슨 죄를 지어서
이별할 때 검던 머리 희도록 못 보는가
사랑은 분별없어 늙고 젊음도 모르는가
십 년 전 맹세를 오늘 문득 생각하니
굳고 굳은 말씀이 어제인 듯 그제인 듯
귀에 쟁쟁하니
이 마음 이 맹세 먼지가 된들 잊을소냐
아쉬운 내 뜻은 다시 볼까 바라거든
일 년 삼백일에 잊은 날이 있을소냐
봄 창 아래 늦게 일어나 품은 회한 둘 데 없어
부는 바람에 슬퍼하며 주위를 돌아보니
온갖 꽃 다 피어 그린 듯이 고운데
꽃 찾는 벌 나비들은 다투어 다니거든
버들 위 꾀꼬리는 쌍쌍이 서로 날아
쫓거니 따르거니 황금 북이 (베틀) 드나들 듯
한 소리 두 소리 높게 낮게
무정히 울건만
어찌하여 내 귀에는 정 있는 듯 들리네
저 같은 미물도 수컷 암컷 각각 생겨
교태겨워 논다마는
제일 귀한 사람은 새만도 못하구나

---

14) 견우와 직녀가 만나는 음력 7월 7일에 내리는 비를 말한다. 견우와 직녀가 만난 기쁨의 눈물이나 헤어질 때 슬픔의 눈물이 비로 내린다는 말이 전한다.

운 없는 인생은 만물 중에 불쌍하다
가을밤 길어질 때 적막한 방 안에
어둑한 그림자 말 없는 벗이 되어
외로운 등불 심지 돋우고 밤새 잠 못 이루어
밤중이라 어느 잠이 오동잎에 비에 깨버리니
구곡간장을 끊는 듯 째는 듯 (밤)새도록 끓이네
하물며
바람 맑고 달 밝은 밤 자정이 깊어갈 때
동창을 천천히 닫고 외로이 앉았으니
님의 얼굴에 비춘 달이 (내게도) 한 빛으로 밝으니
반기는 진정은 님을 본 듯 하다만
님도 달을 보고 나를 본 듯 반기는가
저 달을 높이 불러 물어나 보고 싶지만
구만리 높은 하늘에 어느 달이 대답하리
묻지도 못하니 눈물 흘릴 뿐이로다
어느 누구 말이
봄바람 가을 달을 흥 많다 하던게오
어찌하여 내 눈에는 다 슬퍼 보이네
봄이라 이러하고 가을이라 그러하니
오랜 근심 새로운 한이 첩첩이 쌓였네
오랜 세월 흐른들 이 내 한이 그칠소냐
몇백 살 (못 사는) 인생이 천 년 근심 품어 있어
못 보는 저 님을 이제까지 그리는고
잠시라도 잊고 내버려 던져두자
운이 정해진 이별과 만남을 힘으로 하로소냐

언약을 굳이 믿고 기다려는 보겠노라
찼다가 비며 아니다가도 넉넉한 이치가 자연(히) 그러하니
초순에 이즈러진 달도 보름에 둥글거늘
청춘에 나눈 거울 이제 아니 모둘소냐
처음에도 지극했거든 오래된 정은 어떠할까
흰머리 속에 소년 정을 가지고 있어
산수 갖춘 골짜기에 띠집을 지어두고
어리석은 생애가 넉넉하기를 바랄소냐
두세 이랑 돌밭을 갈거니 심거니
오곡이 잘 익으면
조상 봉제사나 정성껏 치른 후에
있으면 밥이오 없으면 죽을 먹고
좋은 일 못 보아도 나쁜 일 없다면
오십에 아들 낳아 자손 아이 늙도록
일생에
덜 밉던 정을 싫고 밉도록 좇으리라

## 〈相思曲〉

尙州令鑒命作
『永陽歷贈』〈相思曲〉

天地間 어닉일이 늠대되 셜운게오
아마도 셜울손 님그려 셜운뎨고
陽臺예 구룸비는 흘러뎐디 몃힌게오
半鏡이 보믹여 씩소긔 무쳣느다
靑鳥도 아니오고 白鴈도 그처시니
消息도 못듯거든 님의양즈 보로손가
花朝 月夕의 울며그릴 섄이로다
그려도 못볼싀 그리기도 말랴너겨
나도 丈夫로셔 모딘ᄆᆞ음 지어내야
이제나 닛쟈흔들 눈에절로 븰피거든
서러아니 그릴소냐
그리고 못보니 一日이 三秋이로다
怨讎이 怨讎아녀 못닛기 怨讎로다
徙宅 忘妻는 긔엇썬 사룸인고
잇는듸 알고쟈 秦楚읜들 아니가랴
無心코 니즘헐기 빅화나 보고지고
質鈍흔 性分의 므슴 才藝이 이시리 마는
님向앤 聰明이야 師曠인들 미출소냐
聰明도 病이되여 날로조차 디터가니
먹던밥 덜먹기고 자던즘 덜자인다

술못진 얼굴이 愁色계워 거머가니
醉ᄒᆞᆫ덧 어리ᄂᆞᆫ덧
淸心元 蘇合丸 마셔도 效驗업다
膏肓의 든病을 扁鵲이라 고틸소냐
人命이 重事라 못죽거 사랏노라
첨엄 거롤적의 이리되쟈 거론일가
比翼鳥 夫妻되야 連理枝 숩플아래
搆木 爲巢ᄒᆞ고 木實을 먹글만졍
이싱 졋으란 ᄒᆞᄅᆞ도 離別뉘를
보디마쟈 願이러니
東西의 외오두고 그리기예 다늘써다
녜브터 닐온말이 牽牛 織女를
天上 人間의 어엿샌다 ᄒᆞ건마ᄂᆞᆫ
그러타 저희ᄂᆞᆫ
ᄒᆞᆫ힛예 ᄒᆞᆫ적을 힛마다 보건마ᄂᆞᆫ
애ᄃᆞᆯ올샤 우리ᄂᆞᆫ 몃銀河이 ᄀᆞ려서
이대도록 못보ᄂᆞᆫ고
明皇은 貴妃를 주겨나 여희여니
섧다 섧다ᄒᆞᆫᄃᆞᆯ 우리ᄀᆞ티 셜울런가
사라셔 못보니 더욱ᄒᆞ나 罔極ᄒᆞ다
愁心은 블이되여 가ᄉᆞᆷ애 픠여나니
절로난 그블이 ᄂᆞᆷ의탓도 아니로ᄃᆡ
내힛 하셜워 燧人氏를 怨ᄒᆞ노라
咸陽 宮殿이 다ᄆᆞᆫ三月 블거셔도
至今에 그블를 오래ᄐᆞ다 ᄒᆞ것마ᄂᆞᆫ

이怨讎 이블은 몃三月을 디내연고
눈믈은 霖雨이 되고 한숨은 ᄇᆞᄅᆞᆷ이 되여
불거니 ᄲᅳ리거니 그츨적도 업서시니
이비로 뎌블을 썸즉도 ᄒᆞ다마ᄂᆞᆫ
엇씨ᄒᆞᆫ 블인디 風雨中에 ᄐᆞ노왜라
水火 相克도 거즛말이 되엿고야
픠거니 ᄲᅳ리거니 勝負업시 싸호거든
죠고만 ᄒᆞᆫ몸은 戰場이 되엿ᄂᆞ다
아이고 하ᄂᆞ님아 七夕비 ᄂᆞ리워
이싸홈 말이쇼셔
어엿ᄲᅳᆫ 이몸은 살가너겨 ᄇᆞ라ᄂᆡ다
알고져 前生의 므슴罪ᄅᆞᆯ 지어두고
여흴제 검던머리 희도록 못보ᄂᆞᆫ고
ᄉᆞ랑은 혜염업서 老少도 모ᄅᆞᄂᆞᆫ가
十年前 盟誓ᄅᆞᆯ 오ᄂᆞᆯ믄득 ᄉᆡᆼ각ᄒᆞ니
金石ᄀᆞᆺᄐᆞᆫ 말ᄉᆞᆷ이 어제론덧 그제론덧
귀예ᄌᆡᆼᄌᆡᆼ ᄒᆞ야시니
이ᄆᆞᄋᆞᆷ 이盟誓 塵土이 되다 니ᄌᆞᆯ소냐
아소온 내ᄠᅳᆺ은 다시볼가 ᄇᆞ라거든
一年 三百日에 니친ᄒᆞᆯ니 이실소냐
春窓의 느지니러 幽懷ᄅᆞᆯ 둘ᄃᆡ업서
臨風 怊悵ᄒᆞ며 四隅로 도라보니
왼갓곳 다픠여 그린더시 고완ᄂᆞᆫᄃᆡ
探花 蜂蝶ᄃᆞᆯ은 도토와 ᄃᆞᆫ이거든
버들우희 ᄭᅬᆺ고리ᄂᆞᆫ 雙雙이 빗기ᄂᆞ라

조치거니 ᄯᆞᆯ오거니 金북을 더디ᄂᆞᆫ덧
ᄒᆞᆫ소ᄅᆡ 두소ᄅᆡ 노피락 ᄂᆞ지락
無情히 울건마ᄂᆞᆫ
엇디ᄒᆞᆫ 내귀예ᄂᆞᆫ 有情ᄒᆞ야 들이ᄂᆞ다
뎌ᄀᆞᄐᆞᆫ 微物도 雌雄을 各各삼겨
嬌態계워 논다마ᄂᆞᆫ
最貴ᄒᆞᆫ 사ᄅᆞᆷ은 새마도 못ᄒᆞ고야
薄命 人生은 萬物中에 어엿ᄡᅳ다
ᄀᆞᄋᆞᆯ밤 채긴제 寂寞ᄒᆞᆫ 房안해
어득ᄒᆞᆫ 그리매 말업ᄉᆞᆫ 버디되야
孤燈을 挑盡ᄒᆞ고 轉輾反側ᄒᆞ야
밤ᄯᆞᆼ만 어ᄂᆡᄌᆞᆷ이 머괴비예 ᄭᆡᄃᆞᄅᆞ니
九曲肝腸을 긋ᄂᆞᆫ덧ᄭᆡᄂᆞᆫ덧 새도록 ᄭᅳᆯ히ᄂᆞ다
ᄒᆞ믈며
風淸月白ᄒᆞ고 三更이 깁퍼갈제
東窓을 더ᄃᆡ닷고 외로이 안자시니
님의ᄂᆞᄎᆡ 비췬ᄃᆞᆯ이 ᄒᆞᆫ비ᄎᆞ로 ᄇᆞᆯ가시니
반기ᄂᆞᆫ 眞情은 님을본덧 ᄒᆞ다마ᄂᆞᆫ
님도 ᄃᆞᆯ을보고 나ᄅᆞᆯ본덧 반기ᄂᆞᆫ가
뎌ᄃᆞᆯ을 노피블너 무러나 보고젼ᄃᆞᆯ
九萬里 長天의 어ᄂᆡᄃᆞᆯ이 ᄃᆡ답ᄒᆞ리
뭇디도 못ᄒᆞ니 눈믈딜 ᄲᅮᆫ이로다
어ᄃᆡ 뉘말이
春風秋月을 興만타 ᄒᆞ던게오
엇ᄶᅵᄒᆞᆫ 내눈에ᄂᆞᆫ 다슬허 보이ᄂᆞ다

봄이라 이러ᄒᆞ고 ᄀᆞ올히라 그러ᄒᆞ니
舊愁 新恨이 疊疊이 싸혓ᄂᆞ다
天荒 地老ᄒᆞᆫᄃᆞᆯ 이내恨이 그ᄎᆞᆯ소냐
몃百歲 人生이 千歲憂ᄅᆞᆯ 품어이셔
못보ᄂᆞᆫ 뎌님을 이데도록 그리ᄂᆞᆫ고
져근덧 아직니저 후리쳐 더져두자
數잇ᄂᆞᆫ 離合을 힘대로 ᄒᆞ로소냐
言約을 구지밋고 기드려ᄂᆞᆫ 보렷노라
盈虛 否泰ᄂᆞᆫ 天道이 自然 그러ᄒᆞ니
初生애 이즌ᄃᆞᆯ도 보ᄅᆞᆷ애 두렷거든
靑春에 ᄂᆞᆫ혼거울 이제아니 모ᄃᆞᆯ소냐
其新도 孔嘉커든 其舊이 엇더 ᄒᆞ로소니
흰머리 쏘긔 少年情을 가져이셔
山水 ᄀᆞᄌᆞᆫ골의 草幕을 주피혀고
용티못ᄒᆞᆫ 生涯ᄅᆞᆯ 有餘코져 ᄇᆞ랄소냐
두서이렁 돌밧ᄐᆞᆯ 갈거니 시므거니
五穀이 蕃熟써든
追遠 奉祭祀이나 誠敬을 닐윈後의
이시면 밥이오 업ᄉᆞ면 粥을먹고
됴ᄒᆞᆫ일 못보아도 구즌일 업ᄉᆞᆯ션졍
五十애 아ᄃᆞᆯ나하 子孫아기 늙도록
一生애
덜믭던 졍을 슬믜도록 ᄌᆞᆺ니리라

# 9. 권주가

〈권주가〉는 〈상사곡〉과 함께 1690년에 간행된 『영양역증』에만 수록되어 있는 박인로의 가사 작품이다. 『영양역증』에는 이덕형(1561~1613)의 셋째 아들인 이여황(李如璜 1590~ ?)의 '명(命)'에 의해 〈권주가〉를 창작한 것으로 기록되어 있다.

〈권주가〉도 〈상사곡〉과 같이 박인로 72~74세 무렵의 작품이다. 〈상사곡〉에서 설명한 바처럼 이덕형의 장자(長子) 이여규(李如圭 1581~1635)는 1632년부터 1634년 4월까지 상주 부사를 역임했는데, 이여규의 아우인 이여황도 1632년 선산 부사에 부임했다. 이여규와 이여황이 부사로 부임해와 있던 상주와 선산 그리고 박인로가 살았던 영천은 모두 경상북도로 서로 멀지 않은 곳이다.

〈권주가〉의 내용에 '어려운 두 가지를 갖추었다'는 표현이 나오는데 '두 가지'를 주인과 손님으로 볼 수도 있지만 이여황과 이여규 두 형제를 어렵게 모두 만났다는 의미로도 해석할 수도 있어, 박인로와 이여황·이여규가 함께 만남을 가지며 또 두 형제의 아버지이자 박인로와도 교유했던 이덕형을 추억하며 〈상사곡〉과 〈권주가〉를 지은 것으로 볼 수 있다.

〈권주가〉는 제목에서 알 수 있듯이 '술 권하기' 혹은 '술 먹고 즐기기'에 대한 내용을 담고 있다. 인간 삶의 허무함을 말하고 그 허무함을 해소할 수 있는 것은 오직 술을 먹으며 살아 있는 지금을 즐기는 것 뿐이라는 내용을 담았다. 부러울 것 없이 살았던 '석숭'도 죽을 때는 아무 것도 가져갈 수 없었으며, 그렇게나 술을 좋아한 '유령'도 죽은 뒤에는 술을 더 이상 가까이 할 수 없음을 말해 살았을 때 술 마시고 놀 것을 강력한 메시지로 권고하였다. 〈권주가〉에 담은 이러한 메시지는 한 번 뿐이며 그 끝이 정해져 있는 것이 인간의 삶이라는 한계적 삶에 대한 인식을 바탕으로 나타난다.

이처럼 유가지향, 충효와 안빈낙도, 자연애호 등을 표면에 드러낸 박인로의 다른 작품들과는 달리, 〈권주가〉는 관념적 세계와 그것을 벗어난 현세지향적 세계라는 서로 다른 두 가지의 대립적인 세계관을 강조하여 드러내어 흥미롭다. 또한 가깝게 인식할 때는 '이'[1], 멀게 인식할 때는 '저'[2], 그리고 부정적인 인식을 드러낼 때는 '하더라'[3]체를 활용하여, 화자가 가치를 두는 세계가 무엇인지를 잘 드러나게 하였다.

"꿈 같은 인생을 끝없이 살까 여겨 살 줄만 알고 죽을 줄 모르더라(ᄭᅮᆷ ᄀᆞᄐᆞᆫ 人世을 ᄀᆞ업시 살가너겨 살줄만 알고 주글줄 모로더라)"라는 구절에서 알 수 있듯이, 대립적 세계관과 한계가 정해진 인간 삶을 살아간다는 박인로의 인식을 강하게 드러낸 작품이어서 〈권주가〉는 『노계선생문집』이 아닌 오직 『영양역증』 본에서만 확인할 수 있는 가사 작품이다.

---

1) "이 한 잔(이ᄒᆞᆫ盞)", "이 같은 꽃 피는 때(이 ᄀᆞᄐᆞᆫ 花時)"
2) "저 같이 분주하리(뎌 ᄀᆞ티)"
3) "어리석더라(어리더라)", "깨닫지 못하더라(ᄭᆡᄃᆞᆺᄶᅵ 못ᄒᆞ더라)"

## 〈권주가〉

선산 영감이 명하여 지었다.

『영양역증』〈권주가〉

그대는 내 말 듣소, 황하강[4] 아니 보았나
흘러 흘러 바다 가면 다시 돌아 못 오더라
좋은 집 맑은 거울에 슬픈 흰 머리 아니 보았나
아침에 검던 머리 낮에는 희더라
한 번 흰 후에 다시 검어진 것 봤는가
늙은 사람 다시 소년 됨이 천만 년에 없건만
꿈 같은 인생을 끝없이 살까 여겨
살 줄만 알고 죽을 줄 모르더라
죽을 줄 모르거든 먹을 줄 알겠나
먹을 줄 모르거든 남 줄 줄 알겠나
세상 사람들이 아마도 어리석더라
아주 쉬운데 깨닫지 못 하더라
진황[5] 한무[6]도 남처럼 죽었거든
시골 가난한 선비가 어느 좋은 약 얻어먹고
적송자[7] 될 것인가

---

4) 중국의 대표적인 강 이름으로써 황하문명의 발상지이기도 하다.

5) 진나라 시황제 영정(嬴政 기원전 259~기원전 210)은 전국시대 진(秦)나라의 제 31대 왕으로, 춘추전국 시대를 끝내고 중국을 역사상 최초로 통일한 왕이다. 그는 자신을 일러 '최초의 황제'라는 의미로 '시황제(始皇帝)'라고 했다.

6) '한무(漢武)' 즉 한무제(漢武帝 기원전 156~기원전 87)는 전한시대의 전성기를 연 황제이다.

인간 칠십도 예전부터 드물거든
몇백 세 살 것이라 저같이 분주하리
영예와 치욕은 나란하고 부귀도 무관터라
살아서 술 한 잔, 그 아니 괜찮은가
이 한 잔 아니면 이 시름 어이하리
우연히 만나니 어려운 두 가지[8] 갖추었구나
어려운 두 가지 갖추니 네 가지[9]도 갖추었다만
세상 일 서툴어 가진 것은 없으나
용봉[10]을 못 구워도 양 염소나 익게 삶고
오정주[11] 없거든 삼해주[12]나 가득 부어
먹고 또 먹고 수 없이 먹읍시다
하늘과 땅도 술 좋아해 술별과 술샘을 만들었고
옛날의 성현도 다 즐겨 자셨거든
오랜 세월 버려진 몸이 술 먹는 일 아니고
할 일이 또 있는가
저물도록 새도록 밤낮으로 먹읍시다

---

7) 적송자(赤松子)는 진한시대 전설상의 신선 이름이다.

8) 주인과 손님이 만났다고 해석할 수도 있고, 박인로를 찾아온 이덕형의 아들 이여규(1581~1635), 이여황(1590~ ?) 두 형제를 모두 만났다는 것으로도 해석할 수 있다.

9) 다 갖추기 어렵다고 하는 네 가지 즉, 계절, 경치, 마음, 술자리를 의미한다.

10) 용봉(龍鳳)은 잉어와 닭으로 고기 중 귀한 것을 의미한다.

11) 오정주(烏程酒)란 중국 5대 10국 중 하나인 형남(荊南)의 오정(烏程)에서 나던 좋은 술을 말한다. 여덟 가지의 맛있는 음식을 뜻하는 팔진미(八珍味)와 같이 쓰이는 경우가 많다.

12) 삼해주(三亥酒)는 조선시대 주로 빚어 마셨던 고급 약주이다. 음력으로 정월 해일(亥日) 해시(亥時)에 담기 시작하여 그다음 해일(亥日)과 또 그다음 해일(亥日) 즉 세 번에 걸쳐 담는 술이라 해서 삼해주(三亥酒)라 한다.

하물며
푸른 봄날 해 저무는 데[13] 복숭아꽃이 어지러이 떨어져
취한 눈앞에 아득하니
구름 없는 붉은 비 하늘에서 쏟아지는 듯
경치와 보기 드문 경관을 견줄데 전혀 없네
이 같은 꽃 피는 때에 아니 놀고 어찌하리
하루아침에 죽고 나면 어느 날에 다시 놀며
깊은 산 키 큰 소나무 아래[14]
어느 벗이 찾아가 또 한 잔 권할런고
이런 일을 생각하니 그 아니 슬픈가
이 잔 잡으시고 이 말씀 잘 듣소
사람 만들 때에 충효 갖추게 만들었으니
아마도 하늘 아래 충효밖에 중할런가
대장부 큰 뜻을 충효에 맡겨두고
남은 힘 있거든 어진 벗 데리고
가을 달 봄바람에 취하기만 합시다
한 동이 술 그쳐갈 때 이을 일만 생각하세
오화마 없거든 이 베옷 벗을만정[15]
흐리나 맑거나 (술) 없단 말만 마시라
부귀와 많은 돈[16]엔 욕심내지 맙시다

---

13) '청춘 일장모(靑春 日將暮)'는 '봄날의 해가 저문다'는 뜻도 있지만, '젊은 날(청춘)이 지나간다(저문다)'는 뜻도 있다.

14) '깊은 산속 내 무덤에'라는 의미이다.

15) '오화마(五花馬)'란 매우 훌륭한 말을 이른다. 고가의 명마인 오화마는 없지만, 입고 있는 삼베옷을 팔아서라도 술값은 치르겠다는 뜻이다.

16) '종정(鐘鼎)'에서 종은 음악 정은 솥, '옥백(玉帛)'에서 옥은 보배 백은 비단이다. 음악과 솥 그리고 보배와 비단을 합해 부귀와 재산을 의미한다.

삼만 육천 일에 다만 취하기만 바라고
깨지 않기를 바랍시다
석숭[17]이 죽을 때 무엇을 가져가며
유령[18] 무덤 위 흙의 어느 술이 닿을런고
아무렴
다 그럴 인생이 살았을 때 놀자 하노라.

---

17) '석숭(石崇)'은 중국 진나라 때의 대표적인 부자로 알려진 인물이다.
18) '유령(劉伶)'은 술을 매우 좋아했다고 알려진 중국 진나라 사람이다.

## 〈勸酒歌〉

善山令鑒命作

『永陽歷贈』〈勸酒歌〉

그ᄃᆡᄂᆞᆫ 내말듯소 黃河水 아니본가
奔流 到海ᄒᆞ야 다시도라 못오더라
高堂 明鏡의 悲白髮 아니본가
아ᄎᆞᆷ의 검던머리 나죄ᄂᆞᆫ 희더괴야
ᄒᆞᆫ적 흰후의 다시검어 보로손가
늘근사ᄅᆞᆷ 更少年이 千萬古애 업썬마ᄂᆞᆫ
쑴ᄀᆞᄐᆞᆫ 人世을 ᄀᆞ업시 살가너겨
살줄만 알고 주글줄 모로더라
주글줄 모로거든 먹글줄 알로소냐
머글줄 모ᄅᆞ거든 ᄂᆞᆷ줄줄 알로손가
世上 사ᄅᆞᆷᄃᆞᆯ히 아마도 어리더라
아조 쉬오ᄃᆡ ᄊᆡᄃᆞᆺ씨 못ᄒᆞ더라
秦皇 漢武도 ᄂᆞᆷ대로 주것거든
草野 寒生이 어ᄂᆡ仙藥 어더먹고
赤松子 되로손고
人間 七十도 태록브터 드믈거든
몃百歲 사로리라 뎌ᄀᆞ티 奔走ᄒᆞ리
榮辱이 幷行ᄒᆞ니 富貴도 不關터라
生前 酒一盃 긔아니 관겨ᄒᆞᆫ가

이ᄒᆞᆫ盞 아니면 이시ᄅᆞᆷ 어이ᄒᆞ리
偶然히 만나니 二難도 ᄀᆞ짯고야
二難이 ᄀᆞᄌᆞ니 四美도 ᄀᆞᆺ다마ᄂᆞᆫ
世事이 齟齬ᄒᆞᆫ니 ᄀᆞᄌᆞᆫ일은 업거이와
龍鳳을 못구어도 羊염이나 닉쎄ᄉᆞᆷ고
烏程酒 업거든 三亥酒나 ᄀᆞ득브어
먹고 ᄯᅩ먹고 數업시 먹사이다
天地도 愛酒ᄒᆞ샤 酒星酒泉 삼기시고
古昔 聖賢도 다즐겨 자셧거든
千載下 ᄇᆞ린몸이 술먹기 아니코
ᄒᆡ올일이 ᄯᅩ잇ᄂᆞᆫ가
져므도록 새도록 晝夜의 먹새이다
ᄒᆞ믈며
青春 日將暮애 桃花이 亂落ᄒᆞ야
醉眼의 아득ᄒᆞ니
구ᄅᆞᆷ업ᄉᆞᆫ 블근비 半空애 ᄲᅳ리ᄂᆞᆫ덧
景致 奇觀이 견홀ᄃᆡ 뇌야업ᄂᆡ
이ᄀᆞᄐᆞᆫ 花時예 아니놀고 엇ᄶᅵᄒᆞ리
一朝애 죽거가면 어ᄂᆡ날애 다시놀며
深山 긴솔아래
어ᄂᆡ버디 ᄎᆞ자가 ᄯᅩᄒᆞᆫ盞 勸ᄒᆞᆯ련고
이런일 ᄉᆡᆼ각거든 긔아니 늣써온가
이盞 자브시고 이말ᄉᆞᆷ 고텨듯소
사ᄅᆞᆷ 내실적의 忠孝ᄀᆞᆺ께 삼기시니
아마도 하ᄂᆞᆯ아래 忠孝밧씌 重ᄒᆞᆯ런가

大丈夫 ᄒᆞᆫ뜻을 忠孝間의 브려두고
나ᄆᆞᆫ힘 잇거든 어딘벗 ᄃᆞ리고
秋月 春風의 醉키만 ᄒᆞ사이다
一樽酒 그처갈제 니을일만 分別ᄒᆞ새
五花馬 업거든 이뵈옷 버ᄉᆞᆯ만졍
흐리나 ᄆᆞᆯ그나 업단말란 마사이다
鐘鼎 玉帛도 貪티란 마사이다
三萬 六千日의 但願 長醉ᄒᆞ고
不願醒ᄒᆞ사이다
石崇이 주거갈제 므어ᄉᆞᆯ 가져가며
劉伶 墳上土애 어ᄂᆡ술이 니ᄅᆞᆯ런고
아믜라
다그럴 人生이 산제노쟈 ᄒᆞ노라

## 10. 노계가

〈노계가〉는 작품에서 '적서(赤鼠) 삼춘(三春)'이라고 밝혀 놓아 창작 연대를 분명히 알 수 있게 한다. 적서(赤鼠)는 간지(干支)로 병자년을 뜻하므로 박인로 생전의 병자년은 1636년 뿐이므로 〈노계가〉는 박인로 76세 때의 작품이다.

'노계(蘆溪)'는 '갈대가 많은 시냇물 가'라는 의미로 박인로의 호(號)이기도 하다. 이 작품에서 말하는 '노계(蘆溪)'는 경북 경주시 산내면 대현리의 동창천 가 계곡을 말한다. 박인로는 말년에 이 노계 골짜기에 들어가 수 년을 지냈다고 알려져 있는 데, 이때의 경험을 담은 작품이 〈노계가〉이다.

다른 작품과 비교해 보았을 때 〈노계가〉에서만 찾을 수 있는 특성은, '절로 절로' 같은 표현을 거듭 사용한 것에서 알 수 있듯이 자연에서 느끼는 만족감을 강조했다는 점이다. 네 방위를 의미하는 '현무·주작·청룡·백호'를 언급하고, '바람 자고 해 잘 드는 곳에(藏風 向陽훈 ᄃᆡ)'라고 하여, 자연의 형세가 매우 훌륭한 곳에 머물 곳을 마련해 만족하다는 점을 드러내었다.

〈노계가〉의 이러한 점은 이덕형의 공간을 드러낸 〈사제곡〉, 이언적의 공간인 〈독락당〉, 전국 각지에서 관료나 유학자들이 찾을만큼 매우 유명했던 정자인 소유정을 노래한 〈소유정가〉 등의 경우와 조금 다르다. 이들 작품은 박인로가 존경하는 인물의 공간이거나 박인로보다 학덕이 깊은 유학자의 공간을 드러낸 작품이다. 그러므로 '사제', '독락당', '소유정'을 '부춘산·칠리탄'과 비교하고 '소부·허유'가 숨어 산 자연에 빗대어 유가적 의미가 가득한 공간으로 나타낸 것은 당연하다 할 것이다.

박인로 자신의 공간을 드러낸 〈노계가〉는 또 다른 자신만의 공간을 드러낸 〈누항사〉와도 다르다. 좁고 누추하며 궁핍하게 살아가는 공간으로 드러낸 〈누항사〉와는 대조적으로, 〈노계가〉에서는 자신이 지내는 공간이 아주 완벽한 자연이라는 점을 강조했기 때문이다.

〈노계가〉에서만 보이는 이러한 특성은 실제로 거처하는 집에서 일어나는 일들을 드러낸 〈누항사〉와는 달리, 박인로가 말년에 이른바 전원생활을 한 노계곡에서의 경험을 쓴 작품이어서 세상과의 갈등에서도 비교적 자유롭고 또 유학자로서의 지향도 어느 정도 이루었다는 만족감에서 기인하는 것이라고 볼 수 있다.

그럼에도 주된 내용이 자연에서 사는 만족감을 드러내는 것이라 그런지 〈사제곡〉, 〈소유정가〉와 유사한 구절들을 많이 사용했다. 특히 자연에 물러나 살면서도 임금이 계신 북진(北辰)을 바라보며 '남 모르는 눈물을(ᄂᆞᆷ모ᄅᆞᄂᆞᆫ 눈물을)' 흘린다는 내용은 〈사제곡〉과, 임금의 만세무강을 비는 '우리 임금 만세 누리소서(우리 聖主 萬歲쇼서)'는 〈소유정가〉와 같이 나타난다.

## 〈노계가〉

흰머리에 자연을 찾으니 매우 늦은 줄 알지만
평생 품은 뜻을 이루고야 말겠다고 여겨
적서 삼춘[1]에 봄옷을 새로 입고
대나무 지팡이 짚신으로 갈대 계곡[2] 깊은 골짜기에
행여 마침 찾아오니
최고 자연이 임자 없이 버려져 있네
예부터 지금까지 숨어 산 선비들이
많이도 있겠지만
하늘이 아끼고 땅이 숨겨 나를 주려 남겨 두었다
한참 주저하다가 해가 거의 질 때에
저 높은 산에 올라 사방을 돌아보니
현무 주작과 좌우 용호도[3]
그린 듯이 갖추었구나
산줄기 끝자락 아래 바람 자고 해 잘 드는 곳에
푸른 담쟁이를 헤치고 들어가 서까래 없은 작은 집을
배산임수 하여 오류[4] 가에 지어 두고
높은 벼랑은 가던 용이 머무는 듯

---

1) '적서(赤鼠)'는 병자(丙子)년 즉 1636년, 삼춘(三春)은 봄 석달을 말한다.

2) '노계(蘆溪)' 즉 '갈대 계곡'은 작가 박인로의 호이다.

3) 네 방향의 신을 말한다. 북은 현무, 남은 주작, 동은 청룡, 서는 백호로 이들을 모두 갖추었다는 것은 산수의 형세가 훌륭하다는 의미이다.

4) '오류(五柳)'는 도연명(陶淵明)이 지은 「오류선생전(五柳先生傳)」의 '택변유오류수(宅邊有五柳樹) 인이위호언(因以爲號焉)-집 가에 다섯 그루의 버드나무가 있으니 이로써 호를 삼는다'를 따른 말이다. 「오류선생전」은 도연명의 자전적 이야기를 담고 있다.

강 머리에 둘렀거늘 풀 지붕 정자 한두 간을
구름 걸린 큰 소나무 아래 바위 곁에 지어내니
천만 가지 다양한 모습이 아마도 기이하구나
산봉우리 아름다워 부춘산[5]이 되어 있고
흐르는 물은 휘돌아 칠리탄[6]이 되었거든
십 리 맑은 모래는 삼월의 눈이 되었네
이 자연의 뛰어난 모습은 견줄 데가 전혀 없네
소허[7]도 아닌 몸이 어느 절개와 결의 알리마는
생각지 못한 어느새 이 이름난 곳 임자 되어
푸른 산 흐르는 물과 밝은 달 시원한 바람도
말없이 절로 절로
어지러운 갈매기 해오라기와 수 없는 고라니 사슴도
값없이 절로 절로
저익[8] 갈던 묵은 밭과 엄자릉[9]의 낚시터도
값없이 절로 절로
산속 모든 것이 다 절로 내 것 되니
자릉이 둘이고 저익이 셋이로다[10]

5) '부춘산(富春山)'은 후한(後漢)의 엄광(嚴光) 즉, 엄자릉(嚴子陵)이 광무제의 관직 제의를 마다하고 들어가 숨어 산 산 이름이다.

6) '칠리탄(七里灘)'은 엄광(嚴光) 즉, 엄자릉(嚴子陵)이 숨어 산 부춘산 아래 그 길이가 칠 리나 되는 여울을 말한다.

7) 소허(巢許)란 소부(巢父)와 허유(許由) 두 사람을 말한다. 이들은 중국 요나라 사람으로, 요(堯)임금이 제시하는 벼슬을 마다하고 지조와 절개를 지키며 자연에 숨어서 살았다.

8) '저익(沮溺)' 즉, 장저(長沮)와 걸익(桀溺)은 중국 노나라 시대 은자(隱者)이며 도가적 사상가이다.

9) 후한(後漢)의 엄광(嚴光) 즉, '엄자릉(嚴子陵)'은 광무제의 관직 제의를 마다하고 들어가 숨어 산 사람이다.

아, 이 몸이 아마도 괴상하구나
산속 들어온 그해에 은군자가 되었는가
오랜 뒤 아름다운 이름을 이 한 몸에 전하구나
인간의 이 이름이 사람 힘으로 이룰소냐
자연이 신령하여 도운 것이라 여기노라
마음속이 맑아져 세상 근심 절로 사라지니
밝은 바람 쾌청한 달을 가슴에 품었는 듯
마음이 넓어지고 참다운 취미에 날로 새롭노라
나는 새와 달리는 짐승은 여섯 가축이 되었거늘
달 아래 고기 낚고 구름 속에 밭을 갈아
먹고 못 남아도 그칠 적은 없노라
끝 없는 자연과 많은 논밭은
자손에게 나누어 주겠으나
밝은 달 맑은 바람은 나눠 주기 어려울세
재주가 있든 없든 뜻 잘 따르는 아들 하나
이태백 도연명이 증명한 붓글씨로 영영 나누어 주려네
나의 이 말이 어리석은 듯 하겠지만
자손 위함은 다만 이것인가 여기노라
또 어리석은 이 몸은
인자하지도 않고 지혜롭지도 않되
자연을 사랑하게 되어 늙을수록 더욱하니
저 귀한 삼공[11]과 이 강산을 바꿀소냐

10) 화자도 자릉처럼 은거하니 엄자릉이 둘이고, 저익 즉 장저와 걸익에 화자를 더하니 셋이라는 뜻이다. 자릉은 엄자릉(嚴子陵 기원전37~서기43년)으로 광무제가 신하로 삼으려 했으나 끝내 거절하고 산에서 은둔했던 인물이다. 장저(長沮)와 걸익(桀溺)은 춘추시대 사람으로 역시 밭 갈며 은거한 인물이다.

어리석고 미친 이 말에 웃을 이도 많겠지만
아무리 웃어도 나는 좋이 여기노라
하물며
좋은 시절에 버려진 몸[12]이 할 일이 아주 없어
세상 명예와 이익은 뜬구름 본 듯하고
아무 생각 근심 없이 자연만 품고 있어서
이내 생애를 자연에 의지하여
봄날 해 긴 때 낚싯대를 비스듬히 쥐고
삼베 두건 베옷으로 낚시터에 건너오니
산 비는 잠깐 개고 햇빛이 쬐는데
맑은 바람 천천히 부니 거울같은 수면이 더욱 밝다
검은 돌이 다 보이니 고기 수를 알리로다
고기도 낯이 익어 놀랄 줄 모르거든
차마 어찌 낚을런고
낚시를 그만두고 이리저리 다니며 물속을 굽어 보니
구름 그림자 하늘빛은 서로 섞여 잠겼는데
물고기 뛰어오르는 것을 구름 위에 보았구나
하도 놀라워 굽혀 땅 보고 우러러 하늘 보니
위 아래의 하늘이 모두 뚜렷하다
한줄기 동풍에 그 어떤 고기잡이 피리소리를

---

11) 삼공(三公)이란 삼정승 즉, 영의정·좌의정·우의정의 높은 관직을 말하는 것으로, 삼공직과 바꾸지 않을 정도로 자연을 좋아한다는 뜻이다. 이와 유사한 표현은 〈선상탄〉과 〈소유정가〉에도 나타나며 〈사제곡〉에서는 "삼공불환 차강산(三公不換 此江山)"으로 나타난다.

12) 'ㅂ린 몸' 즉 '버려졌던 몸'이란 박인로가 일찍 관직에 나가지 못한 것과 무관직에 그쳤음을 그렇게 인식하고 표현한 것이다. 〈소유정가〉에도 유사한 표현이 나타난다.

높이 불어 보냈던고
강과 하늘이 적막한데 반갑게도 들리네
바람 맞으며 지팡이 짚고 좌우로 돌아보니
높은 곳 맑은 경치가 아마도 깨끗하구나
물도 하늘 같고 하늘도 물 같으니
푸른 물 넓은 하늘은 한 빛이 되었거든
물가의 흰 갈매기는 오는 듯 가는 듯
그칠 줄을 모르네
바윗가 산 꽃은 비단 병풍이 되어있고
시냇가 버들은 초록 장막이 되었거든
좋은 계절 아름다운 경치를 내 혼자 거느리고
꽃 피는 바로 그 때를 헛되지 말자 여겨
아이 불러 하는 말씀
이 깊은 산 외진 골짜기에 해산물이야 볼 수 있으랴
살 찐 고사리 향긋한 당귀잎을
멧돼지 포 사슴 포를 대신해서 크나큰 버드나무 상자에
흡족히 담아두고
붕어[13]회 첫맛에 누치[14] 꿩고기 섞어 구워
가지가지 내어놓고
항아리 술통의 막걸리를 바가지 잔에 가득 부어
한 잔 또 한 잔 취하도록 먹은 후에

---

13) ‘부어(鮒魚)’ 즉 붕어는 하천 중·하류지역의 모래와 자갈이 깔려 있고 유속이 빠른 여울에 서식하는 물고기로, 몸은 은갈색이고 등은 어두운색 배쪽은 은백색을 띤다.

14) 눌어(訥魚)는 누치이다. 누치는 조선 초기부터 널리 알려져 있었던 물고기로서 몸길이는 20~30㎝이며 맑고 깊은 물이 흐르는 곳을 선호한다.

복숭아꽃은 붉은 비 되어 취한 얼굴에 뿌리는데
이끼 낀 넓은 돌에 높이 베고 누웠으니
무회씨[15] 적 사람인가 갈천씨[16] 때 백성인가
희황[17] 성세를 다시 보는가 여기노라
이 힘이 누구 힘인가 임금 은혜가 아니신가
자연에 물러나 있은들
임금 걱정하는 한마음이야 어느 때에 잊을런고
때때로 머리 들어 북진[18]을 바라보고
남 모르는 눈물을 하늘 한쪽에 떨구누나
일생에 품은 뜻을 비옵니다 하느님아
산이 평지 되고 바닷물이 마르도록 우리 임금 만세 누리소서
밝고 밝은 세상에 하·상·주[19]의 해와 달을 비추소서
천만 년 흐르도록 전쟁은 쉬게 하소서
밭 갈고 샘 파며 격양가[20]를 부르게 하소서
이 몸은
이 자연 속에서 늙을 줄을 모르노라

---

15) '무회씨(無懷氏)'는 중국 상고시대 제왕이다.

16) '갈천씨(葛天氏)'는 중국 상고시대 제왕으로 음악과 춤을 만들고 방직과 의류를 발명했다고 전한다.

17) '희황(羲皇)' 즉 복희씨(伏羲氏)는 삼황오제(三皇五帝) 중 으뜸으로 꼽는 중국 고대의 전설상의 제왕이다. 짐승을 길들이고 음식을 익혀 먹는 법과 낚시하는 법, 철로 무기를 만들어 사냥하는 법을 백성에게 가르쳤으며 결혼제도를 만들었다고 알려진다.

18) 북진(北辰)은 북극성 방향, 즉 임금 계신 곳을 말한다. 이와 유사한 표현은 〈선상탄〉과 〈사제곡〉에도 나타난다.

19) '三代'란 중국 고대 하(夏)나라, 상(商)나라, 주(周)나라 시대를 이른다.

20) 풍년이 되어 농부가 태평한 세월을 즐기며 부르는 노래이다.. 중국 고대 요(堯) 임금이 다스리던 시대에 백성들이 태평성세를 즐기며 부르던 노래 '격양가'에서 유래했다.

## 〈蘆溪歌〉

白首에 訪水尋山 太晩ᄒᆞᆫ줄 알건마ᄂᆞᆫ
平生 素志를 벱고야 말랴너겨
赤鼠 三春에 春服을 새로닙고
竹杖 芒鞋로 蘆溪 깁흔골ᄋᆡ
힝혀마참 차ᄌᆞ오니
第一 江山이 님ᄌᆡ업시 ᄇᆞ려ᄂᆞ다
古往 今來예 幽人 處士들이
만히도 잇것마ᄂᆞᆫ
天慳 地祕ᄒᆞ야 ᄂᆞ를주랴 남겨썻다
躕躇 良久타가 夕陽이 거읜적의
陟彼 高岡ᄒᆞ야 四隅로 도라보니
玄武 朱雀과 左右 龍虎도
그린ᄃᆞᆺ시 ᄀᆞ잣고야
山脉 ᄆᆡᆺ친아ᄅᆡ 藏風 向陽ᄒᆞᆫᄃᆡ
靑蘿ᄅᆞᆯ 허혀드러 數椽 蝸室을
背山 臨流ᄒᆞ야 五柳邊에 디어두고
斷岸 千尺이 가던龍이 머무ᄂᆞᆫᄃᆞᆺ
江頭에 둘렷거늘 草草亭 ᄒᆞᆫ두間을
구름ᄶᅵᆫ 긴솔아ᄅᆡ 바휘디켜 여러ᄂᆡ니
天態 萬狀이 아마도 奇異코야
峰巒은 秀麗ᄒᆞ야 富春山이 되야잇고
流水ᄂᆞᆫ 盤回ᄒᆞ야 七里灘이 되야거든
十里 明沙ᄂᆞᆫ 三月눈이 되엿ᄂᆞ다

이湖山 形勝은 견졸ᄃᆡ 뇌야업ᄂᆡ
巢許도 아닌몸애 어ᄂᆡ節義 알리마ᄂᆞᆫ
偶然 時來예 이名區 임ᄌᆡ되여
青山 流水와 明月 淸風도
말업시 절로절로
어즈러온 鷗鷺와 數업ᄉᆞᆫ 麋鹿도
갑업시 절로절로
沮溺 가던 묵은밧과 嚴子陵의 釣臺도
갑업시 절로절로
山中 百物이 다절로 己物[21]되니
子陵이 둘이오 沮溺이 서히로다
어즈버 이몸이 아마도 怪異코야
入山 當年에 隱君子 되얏ᄂᆞᆫ가
千古 芳名을 이ᄒᆞᆫ몸애 傳토고야
人間의 이일흠이 人力으로 일월소냐
山川이 靈異ᄒᆞ야 도아닌가 너기로라
中心이 瑩然ᄒᆞ야 世慮절로 그처디니
光風 霽月이 腔子裏예 품엇ᄂᆞᆫᄃᆞᆺ
浩然眞趣 날로 새롭 ᄒᆞ노왜라
飛禽 走獸ᄂᆞᆫ 六畜이 되얏거ᄂᆞᆯ
달알ᄋᆡ 괴기낙고 구ᄅᆞᆷ속의 밧흘가라
먹고 못나마도 그칠적은 업노왜라
無盡ᄒᆞᆫ 江山과 許多ᄒᆞᆫ 閑田은
分給子孫 ᄒᆞ려이와

21) 『노계선생문집』에는 '巳物'로 되어 있으나 '己物'로 본다.

明月 淸風은 논ᄒᆞ듀기 어려올ᄉᆡ
才與 不才예 養志ᄒᆞᄂᆞᆫ 아ᄃᆞᆯ ᄒᆞᆫ아
太白淵明 證筆에 永永別給 ᄒᆞ렷로라
내의 이말이 迂濶ᄒᆞᆫᄃᆞᆺ ᄒᆞ것마ᄂᆞᆫ
爲子 孫計ᄂᆞᆫ 다만인가 너기로라
ᄯᅩ 어린이몸은
仁者도 아니오 智者도 아니로ᄃᆡ
山水에 癖이이러 늘글ᄉᆞ록 더욱ᄒᆞ니
져貴한 三公과 이江山을 밧골소냐
어리미친 이말을 우으리도 하렷마ᄂᆞᆫ
아므리 우어도 나ᄂᆞᆫ됴히 너기노라
ᄒᆞ믈며
明時예 ᄇᆞ린몸이 ᄒᆞ올닐이 아조업서
世間 名利란 ᄠᅳᆫ구ᄅᆞᆷ 본덧ᄒᆞ고
無思 無慮ᄒᆞ야 物外心만 품고이셔
이ᄂᆡ 生涯을 山水間의 부텨두고
春日이 채긴제 낙ᄃᆡ를 비기쥐고
葛巾 布衣로 釣臺예 건너오니
山雨ᄂᆞᆫ 잠�ᆫ개고 大陽이 ᄶᅬ오ᄂᆞᆫᄃᆡ
ᄆᆞᆯ근바람 더ᄃᆡ오니 鏡面이 더옥발다
김흔돌이 다보이니 괴기[22]數를 알리로다
괴기도 나치이거 놀닐줄 모ᄅᆞ거든
차마엇디 낙글넌고
罷釣 徘徊ᄒᆞ며 波心을 구어보니

22) '괴기'는 '고기'의 경상도 방언이다.

雲影 天光은 얼희여 ᄌᆞᆷ겨ᄂᆞᆫᄃᆡ
魚躍 于淵을 구ᄅᆞᆷ우ᄒᆡ 보아고야
하문득 驚怪ᄒᆞ야 俯察 仰觀ᄒᆞ니
上下天이 宛然ᄒᆞ다
一陣 東風에 긔엇진 漁笛이
놉히부러 보ᄂᆡ던고
江天이 寥寂ᄒᆞᆫᄃᆡ 반가와도 들리ᄂᆞ다
臨風 倚杖ᄒᆞ야 左右로 도라보니
臺中 淸景이 아마도 蕭灑코야
물도 하ᄂᆞᆯ갓고 하ᄂᆞᆯ도 물갓ᄒᆞ니
碧水 長天은 ᄒᆞᆫ빗티 되얏거든
물가애 白鷗ᄂᆞᆫ 오ᄂᆞᆫᄃᆞᆺ가ᄂᆞᆫᄃᆞᆺ
긋칠줄을 모ᄅᆞᄂᆞ다
巖畔 山花ᄂᆞᆫ 錦繡屛이 되야잇고
澗邊 垂楊은 草綠帳이 되야거든
良辰 佳景을 내혼자 거ᄂᆞ리고
正値 花時를 虛度치 밀냐너겨
아희불너 하난말ᄉᆞᆷ
이深山 窮谷애 海錯이야 보로소냐
살진 고사리 香氣ᄒᆞᆫ 當歸草를
猪脯鹿脯 相間ᄒᆞ야 크나큰 細柳笥애
洽足히 다마두고
鮒魚膾 初味예 訥魚生雉 서거구어
빗빗치 드리거든
瓦樽에 白酒를 박잔의 가득부어

ᄒᆞᆫ잔 ᄯᅩᄒᆞᆫ잔 醉토록 먹은後에
桃花ᄂᆞᆫ 紅雨되야 취면에 ᄲᅮᆯ리ᄂᆞᆫᄃᆡ
苔磯 너븐돌애 놉히베고 누어시니
無懷氏적 사ᄅᆞᆷ인가 葛天氏ᄯᅦ 百姓인가
羲皇 盛時를 다시본가 너기로라
이힘이 뉘힘고 聖恩이 아니신가
江湖애 물너신들
憂君 一念이야 어ᄂᆡ刻애 이즐ᄂᆞᆫ고
時時로 머리드러 北辰을 ᄇᆞ라보고
ᄂᆞᆷ모ᄅᆞᄂᆞᆫ 눈물을 天一方의 디이ᄂᆞ다
一生애 품은ᄯᅳᆺ을 비옵ᄂᆞ다 하ᄂᆞ님아
山平 海渴토록 우리聖主 萬歲소셔
熙皞 世界예 三代日月 빗취소셔
於千 萬年에 兵革을 쉬우소셔
耕田 鑿井에 擊壤歌를 불리소셔
이몸은
이江山 風月에 늘글주를 모ᄅᆞ로라

# 11. 입암별곡

〈입암별곡〉는 박인로의 나이 77세인 1637년(인조 15) 창작한 작품으로 노작(老作)이다. 〈입암별곡〉에서 드러내는 '일제당'을 비롯한 '입암 28경'은 현재 경북 포항시 북구 죽장면 입암리 송내(솔안) 마을 일대에 분포한 자연 경관을 이른다.

〈입암별곡〉은 박인로의 가집인 『노계선생문집』이나 『영양역증』이 아닌, 1979년 봄 영양사우(永陽四友) 중 한 사람이며 입암(立巖)에서 여헌(旅軒) 장현광(張顯光 1554 ~ 1637)과 함께 강학한 권극립(權克立 1558~1611)의 후손 집에서 개별 작품으로 발견되었다.

가사작품 〈입암별곡〉과 박인로의 관계는 『노계선생문집』 권3 가(歌)에 〈계구대〉·〈토월봉〉·〈구인봉〉 등 〈입암별곡〉에 나오는 28경 중 일부 경치를 개별 시조로 창작한 작품이 실려 있는 것으로 알 수 있다. 이들 시조 작품과 별도로 박인로는 가사작품 〈입암별곡〉으로 입암의 28경을 모두 드러내어, 입암 28경에 이름과 그 의미를 부여한 여헌 장현광에 대한 존경심을 표현하였다.

〈입암별곡〉은 문집에 실리지 않고 개별 작품으로 발굴되어 박인로의 작품인가에 대한 연구자들의 논란이 있었으나, 박인로의 작품으로 봐야 한다는 견해가 우수하고 필자도 그렇게 판단한다. 무엇보다 1979년 발굴된 〈입암별곡〉의 끝 부분에 쓰여 있는 "입암별곡(立巖別曲) 박만호(朴萬戶) 소창(所唱)"이라는 문구가 결정정인 증거로 작용한다.[1] 만호(萬戶)는 박인로가 역임했던 무관직의 명칭이자 또 다른 호(號)이다.

〈입암별곡〉에서 노래하는 입암 28경은 '일제당'을 짓고 학문을 강학하던 장현광이 의미를 부여한 바를 그대로 따른 공간의 성격이며, 따라서 입암 28경은 그곳이 어디든 도학적 의미가 가득한 공간으로 나타난다. 그러므로 입암 28경이라는 공간의 성격은 속세와는 별개인 하나의 닫힌 공간으로서 지속되는 도학의 공간이다.

박인로는 그러한 공간의 의미를 잘 알고, 입암리에 들어와 '일제당'을 높이 짓고 '우란'과 '열송'으로 방 이름을 짓고 '경전을 쌓아 두고' 강학하던 장현광의 학덕을 기리는 내용을 담아 〈입암별곡〉을 창작한 것이다.

1) 김일근, 「박만호 소창의 입암별곡 고찰」, 『국어국문학』, 국어국문학회, 1979, 참고.

## 〈입암별곡〉[2]

속세 사람들아 입암 풍경 보았는가
무릉(도원)이 좋다한들 이보다 나을소냐
봉우리에 뜬 흰 학은 구름 사이에 춤을 추고
깊숙한 늪의 숨은 두견[3] 달 아래 슬피 운다
봉래[4]가 어딘게오 영주[5]가 여기로다
일제당[6] 올라앉아 28경 돌아보니
탁입암[7] 뚜렷하여 청주의 지주[8]되고
기여암 생겨나서 계구대 되었으니
위태로움 앞에서 경계하고 두려워하라는 말씀 이 때에 모신 듯
구인봉 높은 봉우리 '공휴일궤'[9] 조심하소
토월봉 달 뜨니 산봉우리에서 솟는 듯하다
소로잠 올라앉아 '천하가 작다'는 말씀

---

2) 『노계선생문집』3 가(歌)에는 〈입암별곡〉에 나오는 28경 중 18경을 노래한 시조 작품이 함께 실려 있다. 〈입암별곡〉은 이 시조 작품과는 별도로 가사로 입암 28경을 노래한 작품이다.

3) 두견새는 뻐꾸기과의 새이다.

4) '봉래(蓬萊)산'은 중국 전설상에 나오는 삼신산(三神山)의 하나로 신선이 살며 불사의 영약이 있다고 전한다.

5) '영주(瀛洲)'는 진시황이 불사약을 구하러 보냈다는 곳이다.

6) '일제당(日躋堂)'은 포항시 북구 죽장면 입암리에 있다.

7) '입암(立巖)'은 입암서원 앞의 홀로 우뚝 솟은 바위로 입암 28경의 중심이다.

8) '지주(砥柱)'는 중국 황하 강물 속에 있는 커다란 바위 섬이다. 세찬 물살 가운데 우뚝 선 바위이므로, 힘듦 속에서도 흔들림 없을 때 비유하는 말이다.

9) '공휴일궤(功虧一簣)'란 한 삼태기의 흙이 모자라서 산을 완성하지 못한다. 즉, 거의 이루어진 일이라도 마지막까지 최선을 다하여 완성하지 않으면 그동안의 노력은 허사가 된다는 뜻으로 『서경(書經)』「여오(旅獒)」에 나오는 말이다.

공자의 큰 관찰이라 우리 어이 의논하리
산지령 올라가서 자지가[10] 생각하고
함휘령 바라보니[11] 옥 품은 산빛이로다
정운령 높은 고개에 가는 구름 머무는 듯
격진령 둘렀으니 세상 길 끊어졌더라
경운야 돌아드니 숨은 자의 취미로다
야연림 낙락송에 저녁연기 잠겼어라
초은동 찾아드니 숨는 사람 부르는 듯
심진동 어드메오 소나무 아래 아이로다
사립문에(서) 물어본들 흰 구름이 덮였더라[12]
채약동 돌아가니 백 가지 약초를 심은 듯
경심대에 솔개 날고 수어연에 물고기 뛰네[13]
피세대 앉았으니 세상 생각이 전혀 없네
상암대 건너가니 부춘[14]이 이곳인 듯
욕학연 깨끗한 반석에 무학암이 더욱 그것이다
화리대 굽어보니 모든 경치를 그렸는 듯

---

10) '자지가(紫芝歌)'는 중국 진시황 때 난리를 피하여 상산(商山)에 들어가 숨은 네 사람의 선비(四皓)가 불렀다는 노래이다.

11) 원문의 'ㅂ래보이' 즉 '바래보이'는 '바라보니'라는 뜻의 경상도 방언이다.

12) 중국 시인 가도(賈島)의 〈방도자불우시(訪道者不遇詩)〉에 나오는 내용이다. "松下問童子/ 言師採藥去/ 只在此山中/ 雲深不知處" (소나무 아래에서 아이에게 물으니 스승은 약초를 캐러 가셨다고 하네. 다만 이 산 중에 계시지만 구름이 깊어 계신 곳을 모른다고 하네)

13) 『시경(詩經)』 대아(大雅), "연비려천(鳶飛戾天) 어약우연(魚躍于淵)"(솔개는 하늘을 날고 물고기는 연못에서 뛰노네)에 나온다. 연비(鳶飛) 어약(魚躍)은 성군이 다스리는 세상으로 자연스러운 도리에 맞게 움직인다는 뜻이다.

14) '부춘산(富春山)'은 후한(後漢)의 엄광(嚴光) 즉, 엄자릉(嚴子陵)이 광무제의 관직 제의를 마다하고 들어가 숨어 산 산 이름이다.

합류대 놓인 바위 한 골짜기를 그렸더라
조월탄 내려가서 밝은 달 맑은 물에
은빛 물고기를 낚아내니 달이 띄어 나오는 듯
세이담 돌아드니 소부 허유[15] 그 아닌가
향옥교 건너오니 시냇물 소리 옥 부딪고
답태교 밟아오니 돌에 이끼가 자라네
물막정 맑은 샘은 길러내도 다함이 없고[16]
상두석 놓인 돌이 (북두)칠성을 벌였더라
한 구역 선경이 임자 없이 버려져 있어
신라 천 년과 고려 오백 년에
몇 영웅 몇 호걸이 수없이 지났던고
하늘이 뜻 있어 사우[17]께 전하시니
그 (절)반 화산으로 여헌[18]을 청하셨네
(여헌이) 명아주 지팡이 부들부채 동원공[19] 본을 받아
맑은 바람에 반쯤 취하셔 밭 가는 노인을 마음 먹어
일제당 높이 짓고 '우란' '열송'으로 (방) 이름 지으셔서
경전을 쌓아두고 도의 강학에 힘쓰시니
삼은에 둘 더하고[20] 사호에 (두)배라[21]

---

15) 소부(巢父)와 허유(許由) 두 사람은 중국 요나라 사람으로, 요(堯)임금이 제시하는 벼슬을 마다하고 지조와 절개를 지키며 자연에 숨어서 살았다.

16) '정괘상륙(井卦上六)'은 주역의 괘 수풍정(水風井 ䷯)의 상륙효(上六爻)로, 길러내어도 계속 고여 다함이 없는 우물의 덕성과 물의 실용성을 의미한다.

17) 영양사우(永陽四友)로 불리는 권극립(1588~1611), 정사상(1563~1623), 정사진(1567~1616), 손우남(1564~1623)을 가르킨다. 영양은 지금의 경북 영천이다.

18) 작가 박인로가 존경했던 유학자이며 입암 28경의 이름을 붙인 장현광(張顯光, 1554~1637)의 호이다.

19) 상산사호(商山四皓) 중 동원공(東園公)을 이른다.

이름 정하신 28경이 눈앞에 펼쳐져 있으니
도도한 신선의 멋을 속세에 알리 없다
위수에 고기 낚고 남양에 밭 가는 듯[22]
한가이 숨어 잠겼으니 따를 이 그 누구런고
이러한 발자취 머문 곳을 오랜 세월에 전하니
자연의 경치가 절로 절로 벌였더라
산 절로 물 절로 자연 속에 나도 절로
아마도
절로 버려진 인생이 절로 절로 늙으리라

---

20) 삼은이란 포은 정몽주(1337~1392), 목은 이색(1328~1396), 야은 길재(1353~1419)를 말한다. 이들은 고려의 이름난 유학자이므로 여기에 조선의 유학자 둘을 더한다는 말이다. 조선의 유학자 둘은 회재 이언적(1491~1553)과 퇴계 이황(1501~1570)으로 추측할 수 있다.

21) 영양사우를 중국의 상산사호(商山四皓)에 더하여 배가 되었다는 말이다. 상산사호란 중국 진시황 때 난리를 피하여 상산(商山)에 들어가서 숨은 네 사람의 선비인 동원공(東園公), 기리계(綺里季), 하황공(夏黃公), 녹리선생(甪里先生)을 말한다. 영양사우(永陽四友)란 영남지방의 이름난 유학자인 권극립, 정사상, 정사진, 손우남을 이른다.

22) 위수(渭水)는 강태공이 낚시한 강이고, 남양(南陽)은 제갈량이 밭갈이를 하던 곳이다.

〈立巖別曲〉

塵世上 살암들아 立巖風景 보앗ᄂᆞᆫ다
武陵이 죳타ᄒᆞᆫ들 이예서 나을쇼냐
峯頭애 ᄯᅳᆫ白鶴은 雲間애 춤을츄고
深源의 숨은 杜鵑 月下의 슬피운다
蓬萊가 어듸메오 瀛洲가 녀긔로다
日躋堂 올나안ᄌᆞ 二十八景 도라보니
卓立巖 두렷ᄒᆞ야 淸川의 砥柱되고
起予巖 삼겨나셔 戒懼臺 도여시니
臨危戒懼 ᄒᆞ신말ᄉᆞᆷ 닛ᄯᅢ예 뫼왓ᄂᆞᆫ덧
九仞峯 놉ᄒᆞᆫ봉이 功虧一簣 죠심ᄒᆞ쇼
吐月峯 ᄃᆞᆯᄯᅳᆫ거동 峯頭生出 ᄒᆞᄂᆞᆫ덧다
小魯岑 올나안ᄌᆞ 天下을 젹단말ᄉᆞᆷ
孔夫子의 大觀이라 우리어이 의논ᄒᆞᆯ니
産芝嶺 올나가셔 紫芝歌 ᄉᆡᆼ각ᄒᆞ고
含輝嶺 ᄇᆞ래보이 玉蘊山含 비치로다
停雲嶺 놉흔재예 가ᄂᆞᆫ구ᄅᆞᆷ 머무ᄂᆞᆫ덧
隔塵嶺 둘려시니 世路을 긋쳐ᄡᅥ라
耕雲野 도라드니 隱者의 취미로다
惹烟林 落落松에 暮烟이 ᄌᆞᆷ겨셔라
招隱洞 ᄎᆞ쟈드니 숨ᄂᆞᆫ사ᄅᆞᆷ 부ᄅᆞᄂᆞᆫ덧
尋眞洞 어드매오 松下의 童子로다
紫門[23]에 무려본들 白雲이 덥펏더라

---

23) ‘자문(紫門)’의 자(紫)는 시(柴)를 잘못 쓴 것으로 본다. ‘시문(柴門)’은 사립문이다.

採藥洞 도러가니 百草을 심겨ᄂᆞᆫ덧
鏡心臺예 鳶飛ᄒᆞ고 數魚淵에 魚躍이라
避世臺 안쟈시니 世念이 전혀업ᄂᆡ
尙巖臺 건ᄂᆡ간이 富春이 이곳진덧
浴鶴淵 磐潔處에 舞鶴巖이 더옥긔타
畫裡臺 구어보니 모든景을 긔렷ᄂᆞᆫ덧
合流臺 노힌바회 一壑을 그렷더라
釣月灘 ᄂᆞ려가셔 ᄇᆞᆯ근달 말근물에
銀鱗을 낙가내니 ᄃᆞᆯ이ᄡᅴ여 나오ᄂᆞᆫ덧
洗耳潭 도라드니 巢夫許由 긔아닌가
響玉橋 건네오니 溪聲이 琤琮ᄒᆞ고
踏苔橋 ᄇᆞᆯ바오니 石面에 苔生일쇠
勿幕井 ᄆᆞᆯ근심이 井卦上六 깃쳐잇고
象斗石 노힌돌이 七星을 버렷더라
一區 仙境을 임재업시 ᄇᆞ려이셔
新羅 一千年과 高麗 五百載예
몃英雄 몃豪傑이 수업시 지내던고
天公이 有意ᄒᆞ셔 四友ᄭᅴ 깃치시니
一半 華山으로 旅軒을 請ᄒᆞ신대
靑藜杖 부들부치 陳園公[24] 본을바다
淸風에 半醉ᄒᆞ셔 田老을 期約ᄒᆞ야
日齊堂 놉히짓고 友蘭悅松 齋號ᄒᆞ셔
經傳을 사하두고 道義 下講을 上튊ᄒᆞ니
三隱에 加兩이오 四皓에 倍一이라

24) 상산사호(商山四皓) 중 '동원공'의 바른 한자 표기는 '동원공(東園公)'이다.

命名ᄒᆞ신 卄八景이 眼前에 버려시니
都都ᄒᆞᆫ 仙味을 塵外예 알니업다
渭水에 고기낙고 南陽에 밧가ᄂᆞᆫ덧
閒隱에 즘겨시니 ᄯᆞᄅᆞ리 긔뉘러고
이러ᄒᆞᆫ 杖屢所[25]을 千秋에 깃쳐시니
溪山 物色이 절로절로 ᄇᆡ렷더라
山절로 水절로 山水間에 나도절로
아마도
절로ᄇᆡ린 人生이 절로절로 늘그리라

## ※ 입암 28경

경북 포항시 북구 죽장면 입암리 일제당(日躋堂)과 입암서원(立巖書院) 주변의 스물여덟 장소에 여헌(旅軒) 장현광(張顯光 1554~1637))이 부여한 의미를 나타낸 단어이다. 순서는 〈입암별곡〉에 따른다.

1경. 탁입(卓立)-암(巖) : 서서 우뚝하다 - 바위
2경. 기여(起予)-암(巖) : 나를 일으키다 - 바위
3경. 계구(戒懼)-대(臺) : 두려워하여 삼가다 - 높은 바위
4경. 구인(九仞)-봉(峯) : 다 채워 아홉이 완성되다 - 봉우리

25) '장루소(杖屢所)'는 장구소(杖屨所)의 잘못된 표기이다. 〈독락당〉의 '장구흔(杖屨痕)'이라는 단어를 바탕으로 의미를 생각하면 창이라는 뜻의 루(屢)는 신이라는 뜻의 구(屨)를 잘못 표기한 것으로 볼 수 있다. '장구소(杖屨所)'는 지팡이와 신발이 닿은 곳 즉, 성현의 발자취를 뜻한다.

5경. 토월(吐月)-봉(峯) : 달을 토해내다 - 봉우리

6경. 소로(小魯)-잠(岑) : 미련함이 적어야 한다 - 봉우리

7경. 산지(産芝)-령(嶺) : 옛 선비를 존경하다[1] - 고개

8경. 함휘(含輝)-령(嶺) : 빛을 머금다. - 고개

9경. 정운(停雲)-령(嶺) : 구름이 머물다 - 고개

10경. 격진(隔塵)-령(嶺) : 속세를 멀리하다 - 고개

11경. 경운(耕雲)-야(野) : 구름 아래 밭을 갈다 - 들판

12경. 야연(惹烟)-림(林) : 숲에 연기가 모이다. - 숲

13경. 초은(招隱)-동(洞) : 숨은 자를 불러내다 - 동네

14경. 심진(尋眞)-동(洞) : 진리를 구하다 - 동네

15경. 채약(採藥)-동(洞) : 약초를 캐다 - 동네

16경. 경심(鏡心)-대(臺) : 마음을 경계하다 - 높은 바위

17경. 수어(數魚)-연(淵) : 물고기가 놀다 - 연못

18경. 피세(避世)-대(臺) : 세상을 피하다 - 높은 바위

19경. 상암(尙巖)-대(臺) : 은거함을 숭상하다 - 높은 바위

20경. 욕학(浴鶴)-연(淵) : 학이 목욕하다 - 연못

21경. 화리(畵裡)-대(臺) : 내면을 그리다 - 높은 바위

22경. 합류(合流)-대(臺) : 하나로 모으다 - 높은 바위

23경. 조월(釣月)-탄(灘) : 달을 낚다 - 물여울

---

1) 산지령(産芝嶺)은 입암 28경의 범위 안에 있기는 하지만 구체적인 장소를 의미하지는 않는다. 박인로의『노계선생문집』 권3 「가(歌)」에 수록된 작품 중 〈산지령(産芝嶺)〉에 "사호상산(四皓商山)도 이 지령(芝嶺) 아니런가" 구절을 참고하면, 산지령(産芝嶺)은 상산사호에 대한 장현광의 존경심을 의미하는 것으로 볼 수 있다. '사호상산(四皓商山)' 즉 상산사호(商山四皓)란 중국 진시황 때 난리를 피하여 상산(商山)에 들어가서 숨은 동원공(東園公), 기리계(綺里季), 하황공(夏黃公), 녹리선생(甪里先生)을 말한다.

24경. 세이(洗耳)-담(潭) : 귀를 씻다 - 깊은 물

25경. 향옥(響玉)-교(橋) : 옥소리가 울리다 -다리

26경. 답태(踏苔)-교(橋) : 이끼를 밟다 - 다리

27경. 물막(勿幕)-정(井) : 다함이 없다 - 우물

28경. 상두(象斗)-석(石) : 북두칠성이 놓이다 - 돌

## 참고 원문

『노계선생문집』 : 〈태평사〉, 〈선상탄〉, 〈독락당〉, 〈영남가〉, 〈노계가〉
『영양역증』 : 〈사제곡〉, 〈누항사〉, 〈상사곡〉, 〈권주가〉
『국역 노계집』 수록 원문 : 〈소유정가〉, 〈입암별곡〉

『한음선생문고(漢陰先生文稿)』

## 참고 문헌

김문기, 『국역 노계집』, 역락, 1999.
김석배, 『경오본 노계가집』, 구미문화원, 2006.
김창규, 『노계시평석』, 박이정, 2008.
최태성, 『한국사 읽기책』, 이투스북, 2022.

## 참고 논문

김문기, 「〈소유정가〉의 특징과 가치」, 『한국학논집』, 계명대학교 한국학연구원, 1989.
김성은, 「〈소유정가〉의 장소재현과 장소성」, 『어문론총 55호』, 한국문학언어학회, 2011.
김성은, 「〈사제곡〉의 의미 구조 연구-통로 기능의 詞를 중심으로」, 『어문학 제116집』, 한국어문학회, 2012.
김성은, 「노계 박인로 가사의 공간 연구」, 경북대학교대학원 박사학위논문, 2013.
김성은, 「〈소유정제영〉 시의 장소성 연구」, 『동남어문논집 제45집』, 동남어문학회, 2018.
김일근, 「박만호 소창의 입암별곡 고찰」, 『국어국문학』, 국어국문학회, 1979.

# 永陽應贈

六宜堂 륙의당

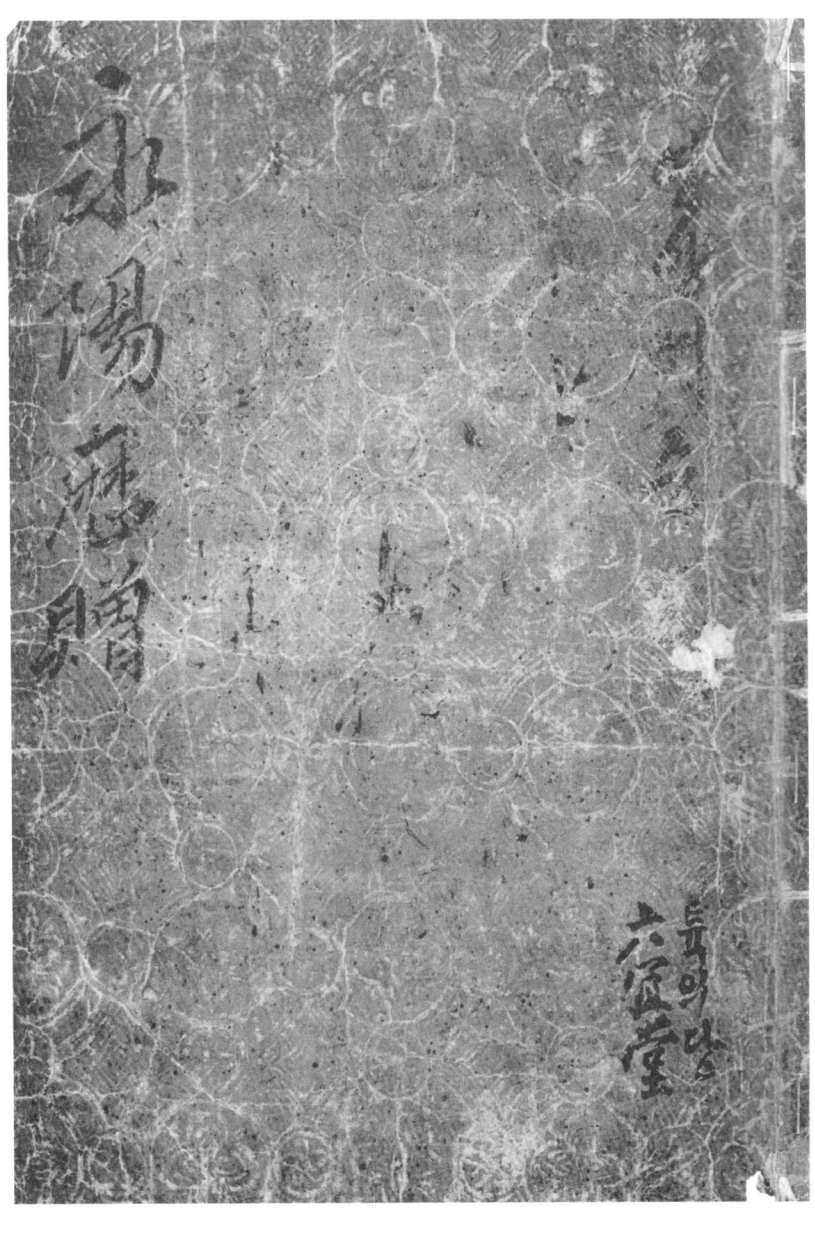

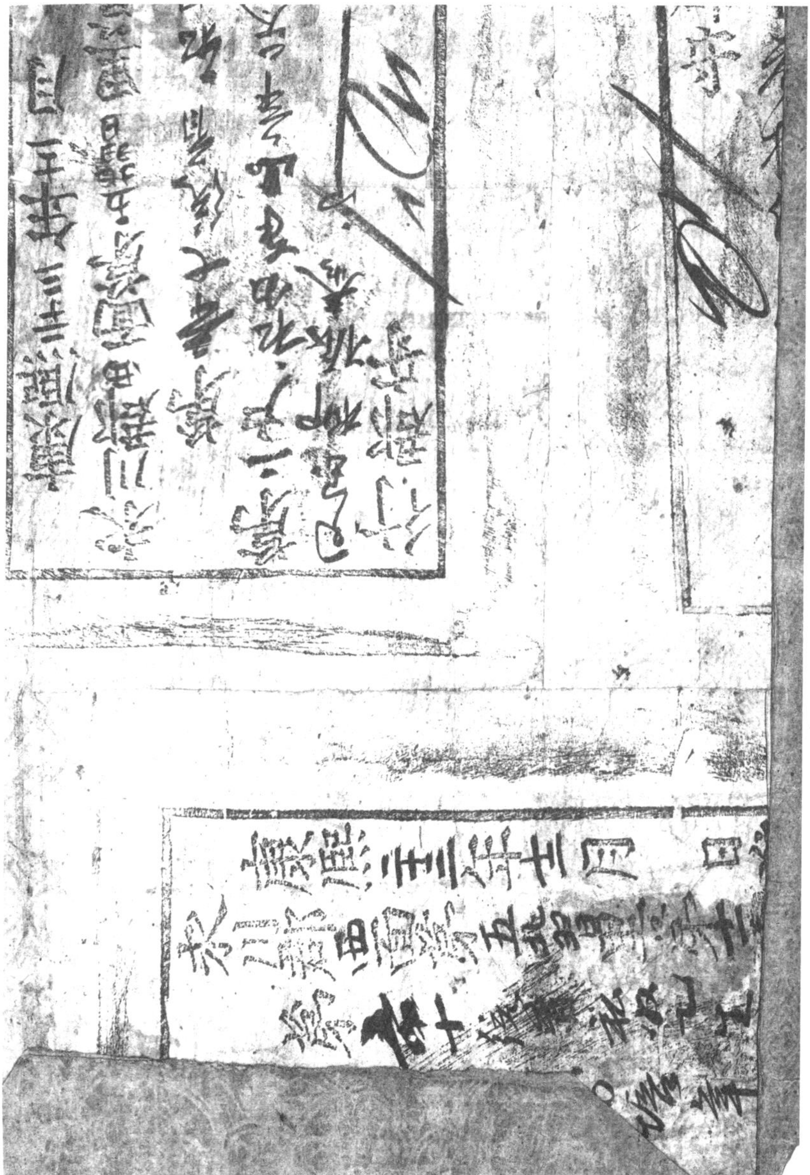

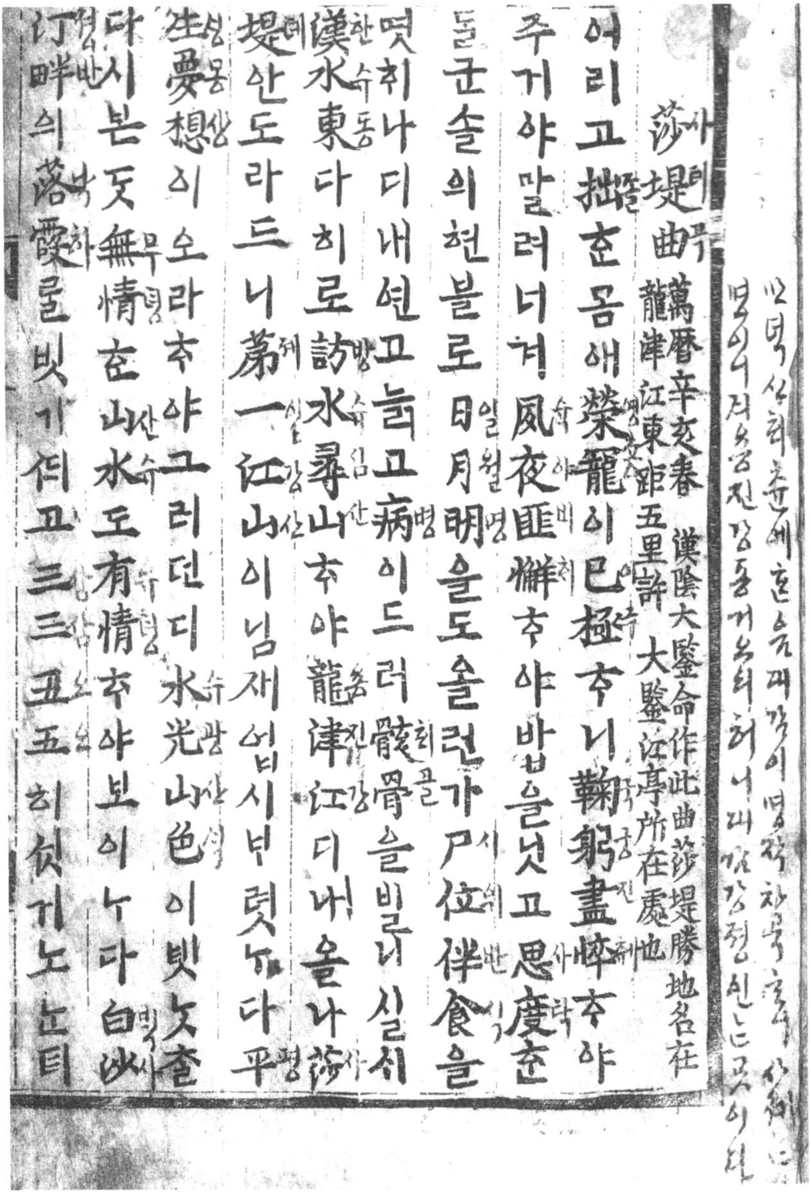

莎堤曲 萬曆辛亥春 漢陰大鑑命作此曲莎堤勝地名在龍津江東距五里許 大鑑江亭所在處也

어리고 拙ᄒᆞᆫ 몸애 榮寵이 已極ᄒᆞ니 鞠躬盡瘁ᄒᆞ야
주거야 말려너겨 夙夜匪懈ᄒᆞ야 밥블 닛고 思度ᄒᆞᆫ
돌 ᄀᆞᆫ솔의 현블로 日月明을 도올련가 尸位伴食을
몃 ᄒᆡ나 디내연고 늙고 病이 드러 骸骨을 빌러 실ᄉᆡ
漢水東 다히로 訪水尋山ᄒᆞ야 龍津江 디내 올나 莎
堤 안도라 드니 第一江山이 님재 업시 ᄇᆞ렷ᄂᆞ다 平
生夢想이 오라ᄒᆞ야 그리던 디 水光山色이 녯 ᄂᆞᆺ출
다시 본 ᄃᆞᆺ 無情ᄒᆞᆫ 山水도 有情ᄒᆞ야 보이ᄂᆞ다 白沙
汀畔의 落霞를 빗기 ᄯᅴ고 三三五五 ᄒᆡ 쉬 기노ᄂᆞᆫ 듸

白鷗(백구)이야 너ᄃᆞ려 말못쟈 놀나디마라 소라이 名區(명구)
勝地(승지)를 어ᄃᆡ라 드럿ᄐᆞᆫ다 碧波(벽파)이 洋洋(양양)ᄒᆞ니 渭水(위수) 伊(이)
川(천)아닌게오 峯巒(봉만)이 秀異(수이)ᄒᆞ니 富春(부춘) 箕山(기산)아닌게오
林深(림심) 路黑(로흑)ᄒᆞ니 晦翁(회옹) 雲谷(운곡)아닌게오 泉甘(천감) 土肥(토비)ᄒᆞ니
李愿(니원) 盤谷(반곡)아닌게오 世遠(세원) 人亡(인망)ᄒᆞ야 千載(천재) 孤蹤(고종)이아
ᄃᆞᆨ희 그치시니 徘徊(ᄇᆡ회) 思憶(사억)ᄒᆞ되 아모된줄 네몰래라
岸芷(안지) 汀蘭(뎡난)은 淸香(청향)이 郁郁(욱욱)ᄒᆞ야 遠近(원근)에 ᄇᆡ어잇고 南(남)
澗東溪(간동계)에 落花(낙화)이 ᄆᆞ득ᄒᆞ엿거ᄂᆞᆯ 荊棘(형극)을 헤쳐드리
草屋數間(초옥수간) 지어두고 鶴髮(학발)을 뫼시오 終孝(종효)를 ᄒᆞ려더니
爰居爰處(원거원처)ᄒᆞ니 此江山(차강산)之(지) 님재로다 三公不換(삼공불환) 此江山(차강산)

은섯더닐온말ᄉᆞᆷ인고나눈말업시수이도밧고완
쟈恒産(항산)도보려ᄒᆞ니취솜업시이노매라어즈러온
鷗鷺(구노)와數(수)업순麋鹿(미록)을내혼자가ᄂᆞ려六畜(륙츅)을삼삿
거든갑업순淸風(쳥풍)明月(명월)은절로ᄃᆞᆫ物(믈)되여시니넘과
다룬富貴(부귀)는이ᄒᆞᆫ몸애ᄆᆞ잣고야이富貴(부귀)이가지고뎌
富貴(부귀)이부롤소냐부롤주를모루거든사필줄알리런
가紅塵(홍진)도머러가니世上(세상)일을듯볼소냐花開(화개)葉落(엽낙)
아니멀ᄉᆞ여니節(졀)를알리런고中(듕)隱(은)菴(암)쇠붑소리谷風(곡풍)
의섯거ᄂᆞ라梅窓(매창)의니루거놀午睡(오슈)롤ᄭᆡ야病目(병목)
을서더보니밤ᄉᆞ이에ᄭᆞᆺ핀가지暗香(암향)을보내야봄

철을알외ᄂᆞ다春眠(춘면)을뵈와닙고麗景(녀경)이더딘적의

靑藜杖(쳥녀장)빗기쥐고童子(동자)六七(뉵칠)블러바야솔닙난잔셰

예足容重(족용즁)케흣거러淸江(쳥강)의발을싯고風乎(풍호)江畔(강반)ᄒᆞ

야興(흥)을두고도라소니舞雩(무우)詠(영)而(이)歸(귀)로져그나부롤

소냐春興(츈흥)이이시러거든秋興(츄흥)이라져글런가金風(금풍)이

瑟瑟(슬슬)ᄒᆞ야庭畔(졍반)의디내부니머괴디ᄂᆞᆫ닙피머귀

롤놀라ᄂᆞ다正値(졍치)秋風(츄풍)을中心(즁심)에므득반겨낙대롤

두러메고紅蓼(홍뇨)롤혜혀ᄂᆞ려小艇(쇼졍)을글러노하風帆浪(풍범낭)

楫(즙)스로가ᄂᆞᆫ대로더더두니流下(류하)前灘(젼탄)ᄒᆞ야淺水邊(쳔슈변)

의소도고야夕陽(셕양)씨거완져가江風(강풍)이짐즛부러歸(귀)

帆(범)을 뵈와ᄂᆞᆫᄃᆞᆺ 아독ᄒᆞᆫ 前山(전산)도 忽後山(홀후산)의 보이ᄂᆞ다

須臾羽化(수유우화)ᄒᆞ야 蓮葉舟(연엽주)에 올란ᄂᆞᆫᄃᆞᆺ 東坡(동파) 赤壁(적벽) 遊(유)인

들 이 내 興(흥)애 엇디 더ᄒᆞ며 張翰(장한) 江東(강동) 去(거)인들 이 淸興(청흥)

에 미ᄎᆞᆯ런가 居水(거수)에 이러커든 居山(거산)이라 偶然(우연)ᄒᆞ랴

山房(산방)의 秋晩(추만)커ᄂᆞᆯ 幽懷(유회)를 둘ᄃᆡ 업서 雲吉山(운길산) 돌길

헤 막대 딥고 쉬여 올나 任意逍遙(임의소요)ᄒᆞ며 猿鶴(원학)을 벗을 삼

아 喬松(교송)을 비기여 四偶(사우)로 도라보니 天工(천공)이 工巧(공교)ᄒᆞ

야 묏비ᄎᆞᆯ ᄭᅮ미ᄂᆞᆫ가 흰구룸 모ᄅᆞᆫ 비ᄅᆞᆯ 두편두편이 셰혀

내야 노피락ᄂᆞ지락 峯峯(봉봉)이 골골이 面面(면면)이 버럿거

ᄂᆞᆫ 서리 틴 신 남기 봄ᄭᅩᆺ도곤 블거시니 錦繡屛風(금수병풍)을

疊疊이 두릿ᄂᆞᆫ듯 千態萬狀이 僭濫ᄒᆞ야 보이ᄂᆞ다
힘세니 두토면 내分에 올가마ᄂᆞᆫ 禁ᄒᆞ리 업술서나
도두고 노니노라 ᄒᆞ몰며 南山ᄂᆞ린 그틔 五穀을 ᄎᆞ
심거먹고 못나마도 긋ᄯᅵ나 아니ᄒᆞ면 내집의 내밥
이 그마시 엇더ᄒᆞ뇨 採山釣水ᄒᆞ니 水陸品도 잠싼
ᄀᆞᆺ다 甘旨奉養을 足다사 ᄒᆞᆯ가마ᄂᆞᆫ 烏鳥含情을 베
비고야 말렷노라 私情이 이러ᄒᆞ야 아직 물러나와
신돌 罔極춘 聖恩을 어니 刻애니 즐런고 犬馬微
誠은 白首에야 더옥 깁다 時時로 머리드러 北辰
을 ᄇᆞ라보니 ᄂᆞᆷ모ᄅᆞᄂᆞᆫ 눈물이 두ᄉᆞ매예다 젓ᄂᆞ다

이눈믈보기든ᄎᆞ마믈러날가마ᄂᆞᆫ곳도不才예病
ᄌᆞ나ᄃᆡ터가고萱堂老親은八旬이거의거든湯藥
을ᄂᆞᆺ치며定省을뷔올련가이제야어ᄂᆡᄉᆡ예이山
밧ᄭᅴ나로소니許由의시ᄂᆞᆫ귀예老萊子의오ᄉᆞᆯ닙
고압뫼해ᄃᆡ여ᄉᆞᆯ이프론쇠되도록鶴髮을뫼시고白
髮에아민줄몰도록ᄒᆞᆷᄭᅴ뫼셔늘그리라

## 陋巷詞

漢陰大鑑命作

어리고迂闊ᄒᆞᆯ손이내우희더니업다吉凶禍福을
하ᄂᆞᆯ의브텨두고陋巷깁픈곳의草幕을주피ᄒᆞ고
風朝雨夕의서근딥피서피되야다ᄉᆞᆺ홉밥서홉粥에

烟氣도 하도 할샤 설머 만히 바든 밥의 懸鶉稚子들
은 將碁 비 티ᄉ 츌미 덧나 아소니 人情天理예 ᄎᆞᆷ마혼
자 머글넌가 설더인 熱冷애 뷘 비 소길 ᄲᅮᆫ이로다 生
涯이 이러ᄒᆞ다 丈夫矣을 옴길런가 安貧一念을 져글
만졍 품어이셔 隨宜로 살려ᄒᆞ니 날로 조차 齟齬ᄒᆞ
다 ᄀᆞ올히 不足거든 봄이라 有餘ᄒᆞ며 주머니 뷔엿
거든 병의라 담겨시랴 다모ᄎᆞᆫ 나뷘 독우희 어론 털털
도 ᄃᆞᆫ 늘근 쥐ᄂᆞᆫ 貪多務得ᄒᆞ야 恣意揚揚ᄒᆞ니 白日
아래 强盜로다 아야라 어든 거ᄉᆞᆯ 다 狡穴에 앗기두
고 碩鼠三章을 時時로 吟詠ᄒᆞ며 歎息無言ᄒᆞ야 搔

白(ᄇᆡᆨ)首(슈)俘니로다 이中(듕)에 탐 살은 다 내 짐의 모홧ᄂᆞ다
苦(고)楚(초)ᄒᆞᆫ 人(인)生(ᄉᆡᆼ)이 天(텬)地(디)間(간)의 나ᄲᅮᆫ이라 飢(긔)寒(한)이 切(졀)身(신)ᄒᆞ
다 一(일)丹(단)心(심)을 니줄ᄯᆞᆫ가 奮(분)義(의)忘(망)身(신)ᄒᆞ야 주게야 말려
더져 于(우)槖(탁)于(우)囊(낭)의 줌줌이 뫼화 녀코 兵(병)戈(과)五(오)載(ᄌᆡ)예 敢(감)
死(ᄉᆞ)心(심)을 가져이셔 履(니)尸(시)渉(셥)血(혈)ᄒᆞ여 몃 百(ᄇᆡᆨ)戰(젼)을 다 내연
고 一(일)身(신)이 餘(여)暇(가) 잇솨 一(일)家(가)를 도라보랴 一(일)奴(노)長(쟝)鬚(슈)ᄂᆞᆫ
奴(노)主(쥬)分(분)을 니젓거든 告(고)余(여)春(츈)及(급)을 어늬 ᄉᆞ이 싱각ᄒᆞ
리 耕(경)當(당)問(문)奴(노)ᄂᆞᆫ 돌눌드려 무롤런고 躬(궁)耕(경)稼(가)穡(ᄉᆡᆨ)이 내
分(분)인 줄 알리로다 莘(신)野(야)耕(경)叟(수)와 壠(롱)上(샹)耕(경)翁(옹)을 賤(쳔)타ᄒᆞ
리 업건마ᄂᆞᆫ 아므리 갈고젼ᄃᆞᆯ 어늬 쇼로 갈려ᄂᆞᆫ고 旱(한)

既긔太태甚심ᄒᆞ야時시節졀이다논즌제晒쇄晴쳥노픈논애잠산
갠뎔비예道도上상無무源원水슈를반만산대쳐두고쇼효젹
주마ᄒᆞ고첨섬이말출서친졀호라더긴집의도려
ᄇᆡ손黃황昏혼의희쉬허쉬돌라가셔구지다든문밧긔
어득히혼자셔셔큰기츰아참이롤良량久구토록취오
後후에어와긔뉘신고廉렴恥치업슨내옵셔니初초更경도거
원뒤긔엇디와겨신고年연年년의이렁ᄒᆞ기쥭고져도
ᄒᆞ건마ᄂᆞᆫ쇼업슨이몸이혜염만하왓ᄂᆞ이다공ᄒᆞ
나나갑시나주험즉도ᄒᆞ다마ᄂᆞᆫ다묘어젯밤의건
넌집뎌사롬의목블근슈기雉치을玉옥脂지泣읍계구어내

고ᄌᆞᆺ니 ᄂᆞᆫ 三亥酒(삼해주)를 醉(취)토록 勸(권)ᄒᆞ거든 이러ᄒᆞᆫ 恩惠(은혜)
를 엇디 아니 갑플런고 來日(내일)로 주마 ᄒᆞ고 큰 言約(언약)ᄒᆞ
얏거든 失約(실약)이 未便(미편)ᄒᆞ니 ᄉᆞ셜이 어려웨라 實爲(실위) 그러
ᄒᆞ면 혈마 어이ᄒᆞᆯ고 헌 벙덕 수기 ᄡᅥ고 측업ᄉᆞᆫ 딥신에
설피설피 믈러오니 風彩(풍채) 져ᄌᆞᆫ 形容(형용)에 개ᄌᆞ칠 ᄲᅮᆫ이
로다 蝸室(와실)에 드러간ᄃᆞᆯ 잠이 오사 누어시랴 北窓(북창)을
비겨 안자 새배를 기ᄃᆞ리니 無情(무정)ᄒᆞᆫ 戴勝(대승)은 이내 恨(한)
을 뵈아ᄂᆞ다 終朝(종조) 惆悵(추창)ᄒᆞ여 먼 들ᄒᆞᆯ 바라보니 즐기
ᄂᆞᆫ 農歌(농가)도 興(흥)업서 들리ᄂᆞ다 世情(세정) 모ᄅᆞᆯ 한숨은 그칠
주ᄅᆞᆯ 모로ᄂᆞ다 술고기 이시면 권당 벗도 하련마ᄂᆞ두

溪詞 六

주먹뷔게쥐고世態업슨말솜애양ᄌᆞᄒᆞ나못픠오
너ᄎᆞᄅᆞ아젹블릴쇼도못비러마랏거든ᄒᆞ몰며東
郭磻間의醉ᄒᆞᆫᄯᅳ들가질소냐앗가온쇼보노벗보
십도됴ᄒᆞᆯ셰고가시엉권무근밧도블희업시갈련만
虛堂半壁의ᄡᅳᆯ듸업시걸련ᄂᆞ다ᄎᆞᆯ하리첫봄의ᄑᆞ
라나ᄇᆞ릴거ᄉᆞᆯ이제야폴려ᄒᆞᆫ돌알리잇사사라오
랴春耕도거의거다후리텨더뎌두쟈江湖ᄒᆞᆫ꿈을
꾸언디도오라더니口腹이怨讐이되야어지버니
젓텃다瞻彼淇澳ᄒᆞᆫ디綠竹도하도할샤有斐君子
ᄃᆞᆯ아낙대ᄒᆞᆫ나빌려ᄉᆞ라蘆花기픈고대明月淸風

버디되야 님재업슨 風月江山(풍월강산)의 절로절로 늘그리

라 無心(무심)ᄒᆞᆫ 白鷗(백구)야 오라ᄒᆞ며 갈아ᄒᆞ랴 두토리 업슬

손다모인가 너기노라 이제야 쇼비리 盟誓(맹서)코 다시

마쟈 無狀(무상)ᄒᆞᆫ 이몸이 므슴 志趣(지취)이시리마ᄂᆞᆫ 두세이

렁밧논을 다무겨더뎌두고 이시면 죽이오 업스면

굴물만졍 놈의집 놈의거솔 젼혀불어 말렷노라 내

貧賤(빈천)을 히너겨 손을 헤다 물리가며 놈의 富貴(부귀) 부ᄅᆞ이

너겨 손을 티다 나아오랴 人間(인간)어니 이리 命(명)밧긔삼

겨시리 가난타 이제주그며 가ᄉᆞ며다 百年(백년)살라 原(원)

憲(헌)이ᄂᆞᆫ 몃ᄂᆞᆯ 살고 石崇(석숭)이ᄂᆞᆫ 몃히 산고 貧富(빈부)업시 다

주근주근후에던이업다貧(빈)而(이)無(무)怨(원)을어렵다ᄒᆞ건마ᄂᆞᆫ
내살리이러ᄒᆞ되서론ᄃᆞ도업노왜라單(단)食(ᄉᆞ)瓢(표)飮(음)을이
도足(족)히너기노라平(평)生(ᄉᆡᆼ)ᄒᆞᆫᄃᆞ디溫(온)飽(포)에ᄂᆞᆫ업ᄂᆞ왜라
太(대)平(평)天(쳔)下(하)애忠(츙)孝(효)ᄅᆞᆯ이ᄅᆞᆯ삼아和(화)兄(형)弟(뎨)朋(붕)友(우)有(유)信(신)
외다ᄒᆞ리저글션졍그밧긔테나믄이리야삼긴데
로살렵노라

相思曲 尙州令鑑命作

天地間어뉘일이놈대되셜운게오아마도셜울손
님그려셜운뎨고陽臺예구룸비눈흘러뎐디면싀흰
게오半鏡이뵈미여셔소릐무칫사다青鳥도아니오
고白鴈도그쳐시니消息도못듯거든님의양ᄌᆞ보
로손가花朝月夕의우흠그릴댠이로다그려도못
볼시그리기포말랴녀겨나도丈夫로셔모된ᄆᆞᄋᆞᆷ지
어버야이제나녓쟈춘둘눈에절로뵐피거든셔러
아니그릴소냐그리고못보니一日이三秋이로다
怨讎이怨讎아녀못닛기怨讎로다徙宅忘妻도괴

엇던사ᄅᆞᆷ인고잇ᄂᆞᆫ디살고쟈秦楚인돌아니가라
無心코니좀헐기비화나보고지고質鈍ᄒᆞᆫ性分의
므슴才藝이시리마ᄂᆞᆫ님向앤聰明이야師曠인
돌미촐소냐聰明도病이되여날로조차디터가니
먹던밥덜먹기고자던좀덜자인다술못진얼굴이
愁色계워거머가니醉ᄒᆞᆫ덧어리ᄂᆞᆫ덧淸心元蘇合이
九還마셔도效驗업다膏肓의든病을扁鵲이라고티
소냐人命이重事라못죽거사랏노라춤쉽거ᄅᆞᆯ직의
이리되쟈거론일가比翼鳥夫妻되야連理枝숩플
아래搆木爲巢ᄒᆞ고木實을먹글만졍이싱엿으란

ᄒᆞᄅᆞ도離別뉘ᄅᆞᆯ보디마쟈願이러니東西의외오
두고그리기예다늘ᄭᅴ다테브터닐온말이牽牛織
女ᄅᆞᆯ天上人間의셔엿ᄇᆞ마ᄒᆞ건마ᄂᆞᆫ그러타져희
ᄂᆞᆫᄒᆞᆫᄒᆡ예ᄒᆞᆫ적을ᄒᆡ마다보건마ᄂᆞᆫ애돌오ᄅᆞᆫ샤우
리ᄂᆞᆫ몃銀河아ᄀᆞ려셔이대도록몯보ᄂᆞᆫ고明皇은
貴妃ᄅᆞᆯ주겨나여희여니셜다셜다ᄒᆞᆫ들우리ᄀᆞ티
셜울런가사라셔몯보니더옥ᄒᆞ나罔極ᄒᆞ다愁心
은블이되여가ᄉᆞᆷ애픠여나니절로난그블이남의
탓도아니로디내취하셜워燧人氏ᄅᆞᆯ怨ᄒᆞ노라咸
陽宮殿이다믄三月블거셔도至今에그블ᄅᆞᆯ소랫두

다ᄒᆞᆫ것마ᄂᆞᆫ 이 怨(원)讐(슈)이 블은 몃 三(삼)月(월)을 디내연고 눈
믈은 霖(님)雨(우)이 되고 한숨은 ᄇᆞ람이 되여 불거니 ᄲᅳ리
거니 그 ᄎᆞᆯ 적도 업서시니 이비로 더 불을 ᄭᅳᆷ즉도 ᄒᆞᆫ
다마ᄂᆞᆫ 셧ᄭᅵᄒᆞᆫ 블인디 風(풍)雨(우)中(중)에 두노왜라 水(슈)火(화)相(상)
克(극)도 거즛말이 되엿고 ᄯᅡ 푀거니 ᄲᅳ리거니 勝(승)負(부) 업
시작ᄒᆞ거든 죠고만 ᄒᆞᆫ 몸은 戰(젼)場(장)이 되엿ᄂᆞ다 ᄉᆞ이
고 하ᄂᆞ님아 七(칠)夕(셕)비 ᄂᆞ리워 이 ᄊᆞ홈 말이쇼셔 여셧
ᄲᅳᆫ 이 몸은 살가 너겨 ᄇᆞ라 ᄒᆞ다 살고져 前(젼)生(ᄉᆡᆼ)의 므슴
罪(죄)를 지어 두고 여흴 졔 검던 머리 희도록 못 보ᄂᆞ고
ᄉᆞ랑ᄉᆞ은 혜염 업서 老(노)少(쇼)도 모ᄅᆞᄂᆞᆫ가 十年(년) 前(젼)盟(ᄆᆡᆼ)誓(셔)를

오ᄂᆞᆯ 믄득 ᄉᆡᆼ각ᄒᆞ니 金石 ᄀᆞᆺᄐᆞᆫ 말ᄉᆞᆷ이 어제론ᄃᆞᆺ 그
제론ᄃᆞᆺ 귀예 징징ᄒᆞ야시니 이 ᄆᆞᄋᆞᆷ이 盟誓 塵土이 되
다 니졀소냐 아ᄉᆞ온 내 ᄯᅳᆺ은 다시 볼가 ᄇᆞ라거든 一
年三百日에 니친출니 이실소냐 春窓의 ᄂᆞ지 니러
幽懷를 둘듸 업서 臨風 怊悵ᄒᆞ며 四隅로 도라보니
왼갓 곳 다 픠여 그린 더시고 왼ᄂᆞᆫ듸 探花 蜂蝶은
도로와 ᄃᆞᆫ이거든 버들 우희 ᄭᅬᆺ고리ᄂᆞᆫ 雙雙이 빗기
ᄂᆞ라 조치거니 ᄯᅳᆯ오거니 金북을 더디ᄂᆞᆫ ᄃᆞᆺ ᄒᆞᆫ 소리 두
소리 노피락 ᄂᆞ지락 無情히 울건마ᄂᆞᆫ 엇디ᄒᆞᆫ 내 귀
예ᄂᆞᆫ 有情ᄒᆞ야 들리ᄂᆞ다 뎌 ᄀᆞᄐᆞᆫ 微物도 雌雄을 各各

삼겨 嬌態[교태] 계위논다마ᄂᆞᆫ 最貴[최귀]ᄒᆞᆫ 사ᄅᆞᆷ은 새마도 못
ᄒᆞ고야 薄命[박명]人[인]生[생]은 萬物[만물]中[중]에셔 셧브다 ᄀᆞ올밤채
긴채 寂寞[적막]ᄒᆞᆫ 房[방]산해셔 두ᄒᆞᆫ 그리마 말셥슨 버디되
야 孤[고]燈[등]을 挑[도]盡[진]ᄒᆞ고 轉[전]輾[전]反[반]側[측]ᄒᆞ야 밤ᄃᆞᆼ만셔 셔좀
이머끠비셔 似몯ᄂᆞ니 九[구]曲[곡]肝[간]腸[장]을 ᄀᆞᆺᄂᆞᆫ ᄃᆞᆺ 쉬ᄂᆞᆫ ᄃᆞᆺ 새
도록 일희 나다ᄒᆞ몰며 風[풍]淸[청]月[월]白[백]ᄒᆞ고 三[삼]更[경]이 깁퍼
갈제 東[동]窓[창]을 더뒤 닷고 외로이 산자시니 님의 누치
비취돋이ᄒᆞᆫ비ᄎᆞ로 볼가시니 반기ᄂᆞᆫ 眞[진]情[정]은 님을
본 ᄃᆞᆺ ᄒᆞ다마ᄂᆞᆫ 님도 ᄃᆞᆯ을 보고 나ᄅᆞᆯ 본 ᄃᆞᆺ 반기ᄂᆞᆫ가
뎌 ᄃᆞᆯ을 노피 블너 무러나 보고 져 ᄃᆞᆯ 九[구]萬[만]里[리]長[장]天[천]의

어ᄂᆡ 돌이 ᄃᆡ답ᄒᆞ리 뭇ᄃᆡ도 못ᄒᆞ니 눈믈 딜 ᄲᅮᆫ이로
다 어ᄃᆡ 뉘 말이 春(츈)風(풍)秋(츄)月(월)을 興(흥)만타 ᄒᆞ던게오 엇ᄃᆡ
ᄒᆞᆫ 내 눈에ᄂᆞᆫ 다 슬허 보이ᄂᆞ다 봄이라 이러ᄒᆞ고 ᄀᆞ
ᄋᆞᆯ히라 그러ᄒᆞ니 舊(구)愁(수)新(신)恨(ᄒᆞᆫ)이 疊(텹)疊(텹)이 ᄡᅡ혓ᄂᆞ다 天(텬)
荒(황)地(디)老(노)ᄒᆞᆫ 돌 이내 恨(ᄒᆞᆫ)이 그ᄎᆞᆯ소냐 몃 百(ᄇᆡᆨ)歲(셰)人(인)生(ᄉᆡᆼ)이 千(쳔)
歲(셰)憂(우)를 품어시셔 못 보ᄂᆞᆫ 뎌 님을 ᄉᆡ ᄃᆡ도록 그리ᄂᆞᆫ고
져근덧 아직 니저 ᄒᆞ리 쳐 더져 두쟈 數(수) 잇ᄂᆞᆫ 離(니)合(합)을
힘대로 ᄒᆞ로소냐 言(언)約(약)을 구지 밋고 기드려ᄂᆞᆫ 보랏노라
盈(영)虧(휴)否(비)泰(태)ᄂᆞᆫ 天(텬)道(도)이 自(ᄌᆞ)然(연) 그러ᄒᆞ니 初(초)生(ᄉᆡᆼ)애 이즌 돌
도 보롬애 두렷거든 靑(쳥)春(츈)에ᄂᆞᆫ 혼 거울이 졔 아니모

볼소냐 其新도 孔嘉커든 其舊이 엇더ᄒᆞ로소니 친
머리 仳거 少年情을 ᄒᆞ져이 ᄃᆡ 山水ᄀᆞ존 끌의 草墓
을주피ᄒᆡ 끄옰티 못ᄒᆞᆫ 生涯로 有餘코져 ᄇᆞ라ᄂᆞᆫ소냐
두어이럾 돌밧돌ᄂᆞᆫ 가ᄅᆞ거너 치므거ᄃᆡ 五穀이 蓄熟
ᄒᆡ든 追遠奉祭祀이나 誠敬을 별원 後의 어시면 밥
이오 업ᄉᆞ면 粥을 먹고 됴ᄒᆞᆫ 실 못보아도 ᄀᆞ존 실ᄂᆞᆫ 업ᄉᆞ
ᄅᆞ션졍 五十에 아ᄃᆞᆯ나 하 子孫 아기 늙도록 一生애
던 멉던 졍을 슬믜도록 ᄌᆞᆺ니리라

勸酒歌 善山令鑒命作

그ᄃᆡ는 ᄂᆡ 말듯소 黃河水 아니 본가 奔流到海ᄒᆞᄊᆡ

다시도다못오더라高堂明鏡의悲白髮아니볼가
아ᄎᆞᆷ의검던머리나죄ᄂᆞᆫ희더피야ᄎᆞᆫ적흰후의다
시검어보로ᄉᆞᆫ가늘근사ᄅᆞᆷ更少年이千萬古애업
仙마ᄂᆞᆫ셤ᄀᆞᄐᆞᆫ人世을ᄀᆞ업시살가너겨살줄만알
고주글줄모로더라주글줄모로거든먹글줄알로
소냐머글줄모ᄅᆞ거든ᄂᆞᆷ줄줄알로ᄉᆞᆫ가世上사ᄅᆞᆷ
ᄅᆞ히아마도어리더라아조쉬오뒤지ᄃᆞᆺ더못ᄎᆞ더
라秦皇漢武도놉대로주것거든草野寒生이어너
仙藥어더먹고赤松子되로ᄉᆞᆫ고人間七十도태록
브터드믈거든몃百歲사로리라뎌ᄀᆞ티奔走ᄒᆞ리

榮辱(영욕)이 并行ᄒᆞ니 富貴(부귀)도 不關(불관)터라 生前(생전) 酒(주) 一盃(일배)괴
아니 판겨 춘가 이 춘盞(잔) 아니면 이시롬 어이ᄒᆞ리 偶(우)
然(연)히 만나니 二難(이난)도 ᄀᆞᆽ초야 二難(이난)이 ᄀᆞᄌᆞ니 四美(사미)
도 ᄀᆞᆺ다마ᄂᆞᆫ 世事(세사)이 齟齬(서어)ᄒᆞ니 ᄆᆞ존 일은 업거이와
龍鳳(용봉)을 못구어도 羊(양) 염이나 넉備ᄒᆞ고 烏程酒(오정주) 섭거
둔 三亥酒(삼해주) 나ᄆᆞ 독 브어 먹고 ᄯᅩ 먹고 數(수) 업시 먹사이
다 天地(천지)도 愛酒(애주)ᄒᆞ샤 酒星(주성) 酒泉(주천) 삼기시고 古昔(고석) 聖賢(성현)
도 다 즐겨 자셧거든 千載(천재) 下(하) ᄇᆞ린 몸이 술 먹기 아니
코 취올 일이 ᄯᅩ 잇ᄂᆞᆫ가 져므도록 새도록 晝夜(주야)의 먹
새 이다 ᄒᆞ믈며 靑春(청춘) 日(일) 將暮(장모)애 桃花(도화)시 亂落(난락)ᄒᆞ야 醉(취)

眼안의 아득ᄒᆞ니 구름 섭손 블근 비 半반空공애 ᄲᅳ리노ᄃᆞᆺ
景경致치 奇긔觀관이 견ᄎᆞᆯ 뒤뇌야 섭시이 ᄆᆞ 툰 花화時시셰 사거
놀고 섯ᄯᅥ ᄎᆞ리 一일朝조애 죽거가면 어ᄂᆡ 날애 다시 놀
며 深심山산 진 솔은 아래서 ᄂᆡ버 디ᄎᆞ 자가 佐 ᄌᆞᆫ 盞잔 勸권ᄎᆞᆯ런
고 이런 실싱각 거든 긔 아니 늣ᄭᅴ온가 이 盞잔 자브시
고 이 말ᄉᆞᆷ 고뎌 듯소 사ᄅᆞᆷ 내 실젹의 忠충孝효 ᄀᆞᆺ개 삼기
시니 아마도 하ᄂᆞᆯ 아래 忠충孝효 밧ᄭᅥ 重듕ᄎᆞᆯ런가 大대丈장夫부
ᄌᆞᆫ 侯을 忠충孝효 間간의 브뎌 두고 나믄 힘 싯거든 어던 벗
두리고 秋추月월 春츈風풍의 醉취키 만ᄎᆞ사이다 一일樽준酒주 그 취
갈제 너을 실만 分분別별ᄎᆞ새 五오花화馬마 섭거든 이뵈 옷버

술만 잇소리나 몯그나 업단 말란 마사이다 鐘鼎玉
帛도 貪티 란 마사이다 三萬六千日의 但願長醉ᄒ
고 不願醒ᄒ사이다 石崇이 주거 갈제 므서 술가져
가며 劉伶墳上土애 어ᄂ 술이 니르런고 아의라 다
그런 人生이 산제 노쟈 ᄒ노라

漢陰大監命作短歌 辛丑九月初漢陰大監見盤中早紅命作三章此盖出於思親至誠

盤中早紅 감이 고와도 뵈이ᄂ다 柚子 아니라도 품
엄즉도 ᄒ다마ᄂ 품어가 반기리 업슬서 글로 셜워
ᄒᄂ이다

王祥의 鯉魚잡고 孟宗의 竹筍것거 검던 머리 희도

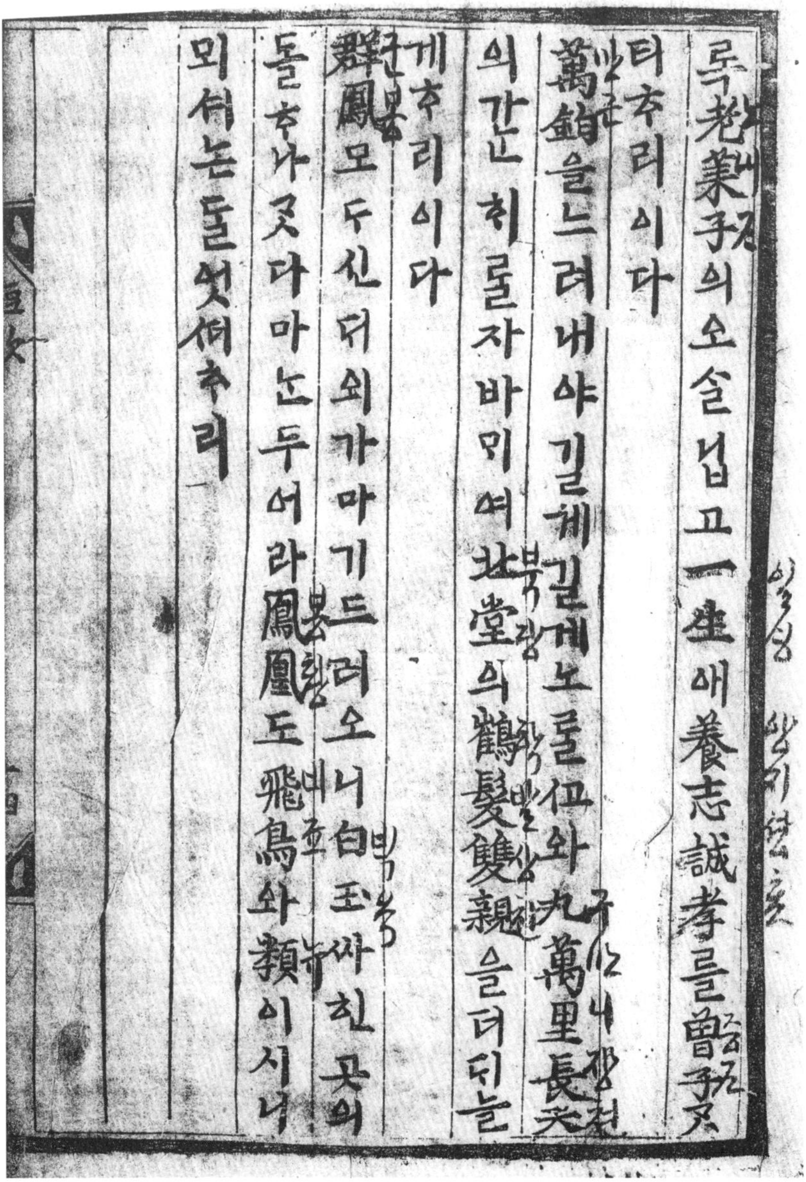
록老萊子의오ᄉᆞᆯ닙고一生애養志誠孝를曾子ᄀᆞ
티ᄒᆞ리이다
萬鈞을느려내야길게길게노ᄅᆞᆯᄭᅩ와九萬里長天
의가ᄂᆞᆫ히ᄅᆞᆯ자바미여北堂의鶴髮雙親을더듸늙
게ᄒᆞ리이다
群鳳모두신ᄃᆡ외가마마기드러오니白玉ᄊᆞ힌곳의
돌ᄒᆞ나굿다마ᄂᆞᆫ두어라鳳凰도飛鳥와類이시니
뫼셔논들엇뎌ᄒᆞ리

莎堤曲何為而作也昔在辛亥春 曾祖考漢陰相國使朴萬户仁老述懷之曲也世世代既遠此曲無傳恐其泯沒於後竊嘗慨然於心者稔矣不肖孫允文是歲庚午春除永川郡守仁老翁土人也其曲尚今流傳其孫亦且生存公餘月夕以其孫進善命歌而聽之怳若後生叨陪杖屨於龍津山水之間愴懷益激感淚自零并與陋巷相思勸酒三曲及短謌四章而付諸剞劂氏以益廣傳焉

時是年三月三日也

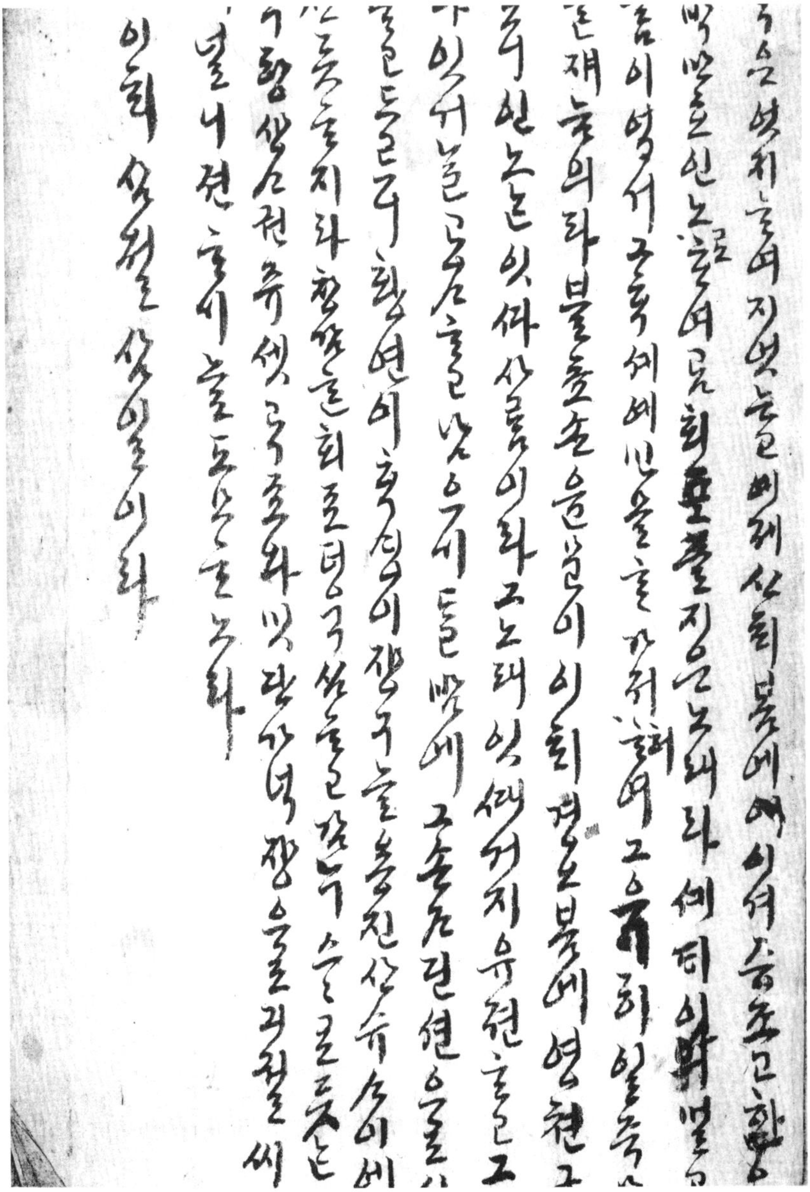

# 蘆溪先生文集

蘆溪先生文集卷之三

## 歌

### 太平詞

戊戌季冬釜山屯賊乘夜奔潰時公佐左兵使成允文幕兵使聞即率軍馳到釜山留十餘日後還到本營明日使之作此歌

나라히偏小ᄒᆞ야海東애ᄇᆞ려셔도箕子遺風이古今업시淳厚ᄒᆞ야二百年來예禮義ᄅᆞᆯ崇尙ᄒᆞ니衣冠文物이漢唐宋이되야ᄯᅥ니島夷百萬이一朝애衝突ᄒᆞ야億兆驚魂이ᄀᆞᆯ빗ᄎᆞᆯ조차나니平原에사힌ᄲᅧ는뫼두곤노파잇고雄都巨邑은豺狐窟이되얏거ᄂᆞᆯ凄凉 玉輦이蜀中으로뵈와드니烟塵이

아, 득ᄒᆞ야 日色이 열워ᄯᅥ니 聖天子 神武ᄒᆞ샤 一
怒를 크게ᄲᅢ야 平壤群兇을 一劒下의 다버히고 風
驅南下ᄒᆞ야 海口에 더져두고 窮寇을 勿迫ᄒᆞ야 멋
멋히를 디내연고 江左一帶예 孤雲ᄀᆞᆺᄒᆞᆫ 우리몸이
偶然時來예 武侯龍을 幸혀만나 五德이 ᄇᆞᆯ근 아래
獵狗몸이 되야 ᄯᅥ가 英雄仁勇을 喉舌에 섯겨시니
炎方이 稍安ᄒᆞ고 士馬精強ᄒᆞ야ᄯᅥ니 皇朝一夕에
大風이 다시이니 龍ᄀᆞᆺᄒᆞᆫ 將師와 구름ᄀᆞᆺᄒᆞᆫ 勇士들
이 旌旗蔽空ᄒᆞ야 萬里예 이어시니 兵聲이 大振ᄒᆞ
야 山岳을 ᄯᅥ엿ᄂᆞᆫ ᄃᆞᆺ 兵房御營大將은 先鋒을 引導

ᄒᆞ야賊陣에突擊ᄒᆞ니疾風大雨에霹靂이즈치ᄂᆞᆫ
ᄃᆞᆺ淸正小豎頭도掌中에잇것마ᄂᆞᆫ天雨爲祟ᄒᆞ야
士卒이疲困커ᄂᆞᆯ져근ᄃᆞᆺ解圍ᄒᆞ야士氣를쉬우더
가賊徒ㅣ犇潰ᄒᆞ니못다잡아말년졔고窟穴을구
어보니구든ᄃᆞᆺ도ᄒᆞ다마ᄂᆞᆫ有敗灰燼ᄒᆞ니不在險
을알니로다 上帝聖德과吾 王沛澤이遠延업
시미쳐시니天誅猾賊ᄒᆞ야仁義를돕ᄂᆞᆫ또다海不
揚波이젠가너기노라無狀ᄒᆞᆫ우리몸도臣子되야
이셔더가 君恩을못갑흘가敢死心을가져이셔
七載를奔走터가太平오ᄂᆞᆯ보완디고投兵息戈ᄒᆞ

고細柳營도라들제太平簫노픈솔의여鼓角이섯
겨시니水宮깁흔곳의魚龍이다우ᄂᆞᆫ듯龍旗偃蹇
ᄒᆞ야西風에빗겨시니五色祥雲一片이半空애떠
러딘듯太平模樣이더옥ᄒᆞ나반가올사揚弓擧矢
ᄒᆞ고凱歌를아뢰오니爭唱歡聲이碧空애얼히ᄂᆞ
다三尺霜刃을興氣계워둘러메고仰面長嘯ᄒᆞ야
ᄎᆞᆷ을ᄎᆞ려이러셔니天寶龍光이斗牛間의소이ᄂᆞ
다手之舞之足之蹈之절노절노즐거오니歌七德
舞七德을그칠줄모ᄅᆞ로다人間樂事ㅣ이ᄀᆞᆺᄒᆞ니
ᄯᅩ인ᄂᆞᆫ가華山이어ᄃᆡ오이ᄆᆞᆯ을보내고져天山이

어디오이할을노ᄅᆡ거자이제야ᄒᆞ올일이忠孝一
事ᄲᅮᆫ이로다營中에일이업서긴ᄌᆞᆷ드러누어시니
뭇노라이날이어너적고羲皇盛時를다시본가너
기로라ㅣ天無淫雨ᄒᆞ니白日이더욱ᄇᆞᆰ다白日이ᄇᆞᆯ
그니萬方에비최노다處處溝壑애ᄒᆞ터잇던老羸
ᄃᆞ리東風新鷰가치舊巢을太자오니首邱初心에
뉘아니반겨ᄒᆞ리爰居爰處에즐거옴이엇더ᄒᆞ뇨
子遺生靈들아 聖恩인줄아ᄂᆞᆫ다 聖恩이기
픈아릐五倫을ᄇᆞᆯ켜ᄉᆞ타教訓生聚ㅣ라졀로아니
닐어가랴天運循環을아옵게다하ᄂᆞ님아佑我邦

蘆溪先生文集卷之三 三

國ᄒᆞ야 萬世無疆 눌리소셔 唐虞天地예 三代日月

비최소셔 於萬斯年에 兵革을 그치소셔 耕田鑿井

에 擊壤歌을 블니소셔 우리도 聖主을 뫼ᄋᆞᆸ고 同

樂太平ᄒᆞ오리라

莎堤曲 莎堤地名在龍津江東距五里許卽漢陰李相公江亭所在處也公代相公作

此節

어리고 拙ᄒᆞᆫ 몸애 榮寵이 已極ᄒᆞ니 鞠躬盡瘁ᄒᆞ야

죽어야 말녀너겨 夙夜匪懈ᄒᆞ야 밤을 닛고 思度ᄒᆞᆫ

ᄃᆞᆫ 판솜의 현블로 日月明을 도올ᄂᆞᆫ가 尸位伴食을

며히나 지내연고 ᄂᆞᆯ고 病이 드러 骸骨를 빌리실셔

漢水東仚흐로訪水尋山ᄒᆞ야龍津江디내올나莎堤안도라드니第一江山이임ᄌᆡ업시ᄇᆞ려ᄂᆞ다平生夢想이오라ᄒᆞ야그러턴지水光山色이녯ᄂᆞᆺ耆다시본ᄃᆞᆺ無情ᄒᆞᆫ山水도有情ᄒᆞ야보이ᄂᆞ다白沙汀畔의落霞을빗기ᄯᅴ고三三五五히섯기노ᄂᆞᆫᄃᆞ白鷗야너ᄃᆞ려말뭇쟈놀니디마라ᄉᆞ라이名區勝地을어뒤라드러떤다碧波ㅣ洋洋ᄒᆞ니渭水伊川아닌게오層巒이兀兀ᄒᆞ니富春箕山아닌게오林溪路黑ᄒᆞ니晦翁雲谷아닌게오泉甘土肥ᄒᆞ니李愿盤谷아닌게오徘徊思憶ᄒᆞ되아모턴줄내몰내라

岸芷汀蘭은淸香이郁郁ᄒᆞ야遠近에이어잇고南
澗東溪예落花ㅣᄆᆞ두ᄌᆞᆷ겨거ᄂᆞᆯ荊棘을헤혀드러
草屋數間지어두고鶴髮을뫼지고終孝를ᄒᆞ리너
겨爰居爰處ᄒᆞ니此江山之임재로다三公不換此
江山을오ᄂᆞᆯᄉᆞ아라고야어즈러온鷗鷺와數업ᄉᆞᆫ
麋鹿을내혼자거ᄂᆞ려六畜을삼아거든갑업ᄉᆞᆫ淸
風明月은절노己物되야시니ᄂᆞᆷ과다ᄅᆞᆫ富貴ᄂᆞᆫ이
ᄒᆞᆫ몸애마자ᄢᅵ야이富貴가지고져富貴부를소냐
부ᄅᆞᆯ줄모ᄅᆞ거든사괼줄알리ᄂᆞᆫ가紅塵도머러가
니世事을듣볼소냐花開葉落아니면이ᄂᆡ節을알

티던고中隱菴쇠붑소릐谷風의섯거ᄂᆞ다梅牕의
이르거든午睡를ᄭᆡ야病目을여러보니밤비예
ᄀᆞᆺ퓐가지暗香을보내여봄철을알외ᄂᆞ다春眠을
ᄭᅥ엄닙고麗景이더된저긔青藜杖빗기쥐고童子
六七불너내야속닙난잔倒예足容重케ᄒᆞᆫ거러清
江의발을싯고風乎江畔ᄒᆞ야興을타고도라오니
舞雩詠而歸를져그나부롤소냐春興이이러커든
秋興이라져믈년가金風이瑟瑟ᄒᆞ야庭畔에지니
부니머괴압전ᄂᆞᆫ소릐먹은귀를놀릐ᄂᆞ다正値秋
風을中心에더욱반겨낙뒤을둘러메고紅蓼을헤

혀도러小艇을글러노화風帆浪楫으로가ᄂᆞᆫ듸로
더뎌두니流下前灘ᄒᆞ야淺水邊에오도고야夕陽
이거완젹의江風이짐즉부러歸帆을보ᄂᆡᄂᆞᆫ듯아
두도前山도忽後山의보이ᄂᆞ다須臾羽化ᄒᆞ야蓮
葉舟에올나ᄂᆞᆫ듯東坡赤壁遊ᄂᆞᆫ돌이ᄂᆡ興에엇지
더며張翰江東去ᄂᆞᆫ돌오ᄂᆞᆫ景에미着넌가居水에
이러커든居山이라偶然ᄒᆞ다山房의秋晩커ᄂᆞᆫ幽
懷를듣되업서雲吉山들길히막디집고쉬여올나
任意逍遙ᄒᆞ미猿鶴을벗을삼아喬松을비기여四
隅로도라보니天工이工巧ᄒᆞ야뫼빗奇絶이ᄂᆞᆫ가

흰구름말근너는岩岩이뎌여나라노푸락나지락峰
峰谷谷이面面에버럿꺼든서리친신남기봄꼿도곤
붉거시니錦繡屛風을疊疊이둘너ᄂᆞᆫ듯千態萬狀
이僭濫ᄒᆞ야보이ᄂᆞ다힘세이다토면내분에올가
마ᄂᆞᆫ禁ᄒᆞ리업ᄉᆞᆯ시나도두고즐기노라ᄒᆞ믈며南
山ᄂᆞ린곳희五穀을가라초심거먹고못남아도곳지
나아니ᄒᆞ면내집의녀밥이그맛시엇더ᄒᆞ뇨採山
釣水ᄒᆞ니水陸品도잠싼것다甘旨奉養을足다사
ᄒᆞᆸ가마ᄂᆞᆫ烏鳥含情을벱고야말녓노라私情이이
러ᄒᆞ야아직물러나와신ᄃᆞᆯ罔極ᄒᆞᆫ 聖恩을어ᄂᆡ

췌애이질년고大馬微誠은白首에야더옥깁다時
時로머리드러 北辰을ᄇᆞ라보니ᄂᆞᆷ모ᄅᆞᄂᆞᆫ눈물
이두사ᄆᆡ예다졋ᄂᆞ다이눈물보건ᄃᆞᆫ참아물너날
ᄭᅡ마ᄂᆞᆫᄌᆞ동ᄒᆞᆫ不才예病ᄒᆞ나다텨가고萱堂老親
은八旬이거의거든湯藥을그치며定省을뷔울넌
가이지야어ᄂᆡ세예이山밧긔날오소나許由의시슨
귀예老萊子의오ᄉᆞᆯ입고암뫼예저ᄉᆞᆸ이품은쇠되
도록함ᄭᅴ뫼셔늘그리라

陋巷詞 公從遊漢陰相公相公問公山居窮苦之狀公乃述己懷作此曲

어리고迂闊ᄒᆞᆫ산이ᄂᆡ우ᄒᆡ더니업다吉凶禍福을

하날긔부쳐두고陋巷깁흔곳의草幕을지어두고
風朝雨夕에석은딥히셥히되야셔홉밥닷홉粥에
烟氣도하도할샤설데인熟冷애뷘비쇡일섇이로
다生涯이러ᄒᆞ다丈夫ㅅ뜻을옴길넌가安貧一念을
젹을망정품고이셔隨宜로살려ᄒᆞ니날로조차齟
齬ᄒᆞ다ᄀᆞ을히不足거든봄이라有餘ᄒᆞ며주머니
뷔엿거든甁의라담겨시랴貧困ᄒᆞᆫ人生이天地間
의나섇이라飢寒이切身ᄒᆞ다一丹心을이질ᄂᆞᆫ가
奮義忘身ᄒᆞ야죽어야말녀너겨于槖于囊의줌줌
이모와녀코兵戈五載예敢死心을가져이셔履尸

涉血ᄒᆞ야 몃百戰을 지ᄂᆡ연고 一身이 餘暇 이사 一
家를 도라보랴 一奴長鬚ᄂᆞᆫ 奴主分을 이젓거든 告
余春及을 어ᄂᆡ사 이 ᄉᆡᆼ각ᄒᆞ리 耕當問奴ᆫ ᄃᆞᆯ 눌ᄃᆞ
려 물ᄅᆞᆯ고 躬耕稼穡이 ᄂᆡ分인 줄 알리로다 莘野
耕叟와 瓏上耕翁을 賤타 ᄒᆞ리 업것마ᄂᆞᆫ 아므려 갈
고젼 돌 어ᄂᆡ 쇼로 갈로손고 旱旣太甚ᄒᆞ야 時節이
다 느즌 제 西疇 놉흔 논애 잠깐 긴 녈비예 道上無源
水을 반만 산 ᄃᆡ히 두고 쇼 ᄒᆞᆫ 젹 듀마 ᄒᆞᆫ 고 엄섭이 ᄒᆞᆫ
ᄂᆞᆫ 말삼 親切호라 너긴 집의 달 업슨 黃昏의 허위허
위 다라가셔 구디 다ᄃᆞᆫ 門 밧긔 어득히 혼자 셔셔 큰

기ᄯᅡ아함이ᄯᅳᆯ良久토록ᄒᆞ온後에어화긔뉘신고
廉恥업산ᄂᆡ옵노라初更도거읜ᄃᆡ긔엇지와겨신
고年年에이러ᄒᆞ가苟且ᄒᆞᆫ줄알건만ᄂᆞᆫ쇼업ᄉᆞᆫ窮
家애헤염만하왓삽노라공ᄒᆞ니나갑시나주엄즉
도ᄒᆞ다마ᄂᆞᆫ다만어제밤의거빈집져사람이목블
근수기雉을玉脂泣게ᄭᅮ어ᄂᆡ고간이근三亥酒을
醉토록勸ᄒᆞ거든이러한恩惠을어이아니갑흘넌
고來日로주마ᄒᆞ고큰言約ᄒᆞ야거든失約이未便
ᄒᆞ니사셜이어려왜라實爲그러ᄒᆞ면혈마어이할
고헌먼덕수기스고측업슨집신에설피설피물너

오나風彩저근形容애ᄀᆡ즈칠ᄲᅮᆫ이로다蝸室에드
러간ᄃᆞᆯ잠이와사누어시랴北牕을비겨안자ᄉᆡᄇᆡᆨ
ᄅᆞᆯ기다리니無情ᄒᆞᆫ戴勝은이ᄂᆡ恨을도우ᄂᆞ다終
朝惆悵ᄒᆞ여먼들흘바라보니즐기ᄂᆞᆫ農歌도興업
서들리ᄂᆞ다世情모ᄅᆞᆫ한숨은그칠줄을모ᄅᆞᄂᆞ다
아ᄭᆞ온져소뷔ᄂᆞᆫ볏보님도됴ᄒᆞᆯ셰고가시엉권묵
은밧도容易케갈련마ᄂᆞᆫ虛堂半壁에슬ᄃᆡ업시걸
려고야春耕도거의거다후리쳐더뎌두쟈江湖ᄒᆞᆫ
ᄭᅮᆷ을ᄭᅮ언지도오ᄅᆡ더니口腹이爲累ᄒᆞ야어지버
이저ᄡᅧ다瞻彼淇澳ᄒᆞᆫᄃᆡ綠竹도하도ᄒᆞᆯ샤有斐君

ᄀᆞ들아낙ᄃᆡᄒᆞ나빌려ᄉᆞ라蘆花깁픈곳애明月清
風벗이되야님ᄌᆡ업ᄂᆞᆫ風月江山애절로절로늙그
리라無心ᄒᆞᆫ白鷗야오라ᄒᆞ며말라ᄒᆞ랴다토리업
슬손다문인가너기노라無狀ᄒᆞᆫ이몸애무ᄉᆞᆷ志趣
이스리마ᄂᆞᆫ두세이랑밧논늘다무겨더뎌두고이
시면粥이오업시면굴물망정남의집남의거손젼
혀부러말렷노라ᄂᆡ貧賤슬히너겨손을헤다물너
가며ᄂᆞᆷ의富貴블리너겨손을치다나아오랴人間
어ᄂᆡ일이命밧긔삼겨시리貧而無怨을어렵다ᄒᆞ
건마ᄂᆞᆫᄂᆡ生涯이러호ᄃᆡ설온ᄯᅳᆺ은업노왜라簞食

瓢飮을 이도 足히 너기로라 平生 ᄒᆞᆫ 뜻이 溫飽애ᄂᆞᆫ 업노왜라 太平天下애 忠孝를 일을 삼아 和兄弟 信朋友 외다 ᄒᆞ리 뉘 이시리 그 밧긔 남은 일이야 삼긴 되로 살렷노라

早紅柿歌 辛丑九月初漢陰相公饋公早紅柿公曰時物有感而作

盤中 早紅감이 고아도 보이ᄂᆞ다 柚子 안이라도 품엄즉도 ᄒᆞ다마ᄂᆞᆫ 품어 가 반기리 업슬ᄉᆡ 글노 셜워 ᄒᆞᄂᆞ이다

王祥의 鯉魚 잡고 孟宗의 竹筍 것거 검던 머리 희도록 老萊子의 오ᄉᆞᆯ 닙고 一生애 養志誠孝를 曾子ᄀᆞᆺ

치ᄒᆞ리ᄂᆞ다
萬□은 ᄃᆞ려내야 길게길게 노흡고아 九萬里長天
에 가□□를 자바미야 北堂의 鶴髮雙親을 더듸늙게
ᄒᆞ□□이다
羣鳳□□다 산듸 외가마기 드러오니 白玉사 힌 곳애
돌□ 갓다마ᄂᆞᆫ 두어라 鳳凰도 飛鳥와 類ㅣ시니 뫼
셔ᄂᆞᆫ 듯 엇더ᄒᆞ리

○ 莎堤曲何爲而作也昔在辛亥春曾祖考漢陰相公退老與朴蘆溪仁老述懷之曲也世代旣遠此曲無傳恐其泯沒於後竊嘗慨然於心者稔矣不肖孫

々々文是歲庚午春除永川郡守公卽玆土人也其曲尙今流傳其孫亦且生存公餘月夕以其孫進善命歌而聽之悅若後生叨陪杖屨於龍津山水之間愴懷益激感淚自零并與陋巷及短歌四章而付諸剞劂氏以圖廣傳焉時是年三月三日也 校在本郡而今失

船上歎 時 國家尙憂南陲選公統舟師赴防釜山公臨船作此曲

늘고病든몸을舟師로보ᄂᆡ실ᄉᆡ乙巳三夏애鎭東營ᄂᆞ려오니關防重地예病이깁다안자실랴一長劒비기ᄎᆞ고兵船에구테올나勵氣瞋目ᄒᆞ야對馬島을구어보니ᄇᆞ람조친黃雲은遠近에사혀잇고

아득ᄒᆞᆫ滄波ᄂᆞᆫ긴하ᄂᆞᆯ과ᄒᆞᆫ빗칠쇠船上에徘徊ᄒᆞ
며古今을思憶ᄒᆞ고어리미친懷抱애軒轅氏를애
ᄃᆞ노라大洋이茫茫ᄒᆞ야天地예둘려시니진실로
ᄇᆡ아니면風波萬里밧긔어ᄂᆡ四夷엿볼넌고무ᄉᆞᆷ일
ᄒᆞ려ᄒᆞ야ᄇᆡ못기를비롯ᄒᆞᆫ고萬世千秋에ᄀᆞ업ᄉᆞᆫ큰
弊되야普天之下애萬民怨길우ᄂᆞ다어즈버ᄭᆡᄃᆞ
라니秦始皇의타시로다ᄇᆡ비록잇다ᄒᆞ나倭를아
니삼기던들日本對馬島로뷘ᄇᆡ절로나올넌가뉘
말을미더듯고童男童女를그ᄃᆡ도록드려다가海
中모든셤에難當賊을기쳐두고痛憤ᄒᆞᆫ羞辱이華

夏애다 잇나다 長生不死藥을 얼미나 어더 ᄂᆡ여 萬

里長城 놉히 사고 몃萬年을 사도뎐고 놈ᄃᆡ로 죽어

가니 有益ᄒᆞᆫ줄 모ᄅᆞ로다 어즈버 ᄉᆡᆼ각ᄒᆞ니 徐市等

이ᄇᆞᆯ 甚ᄒᆞ다 人臣이 되야셔ᄂᆞᆫ 命도 ᄒᆞᄂᆞᆫ 것가 神仙

을 못보거든 수이나 도라오면 舟師이 시럼은 견혀

업게 삼길럿다 두어라 旣往不咎라 일너 무엇ᄒᆞ로

소니 ᄉᆞᆨ절업ᄂᆞᆫ 是非를 후리처 더뎌 두쟈 潛思覺語

ᄒᆞ니 내ᄉᆡᆼ도 固執고야 黃帝作舟車ᄂᆞᆫ 왼줄도 모ᄅᆞᆫ

로다 張翰江東애 秋風을 만나신ᄃᆞᆯ 扁舟곳 아니타

면 天清海濶ᄒᆞ다 어ᄂᆡ 興이 절로 나며 三公도 아니

밧끌茅一江山애浮萍ᄀᆞᆺᄒᆞᆫ漁父生涯ᄅᆞᆯ一葉舟아
니면어ᄃᆡ부쳐ᄃᆞᆫ힐ᄂᆞᆫ고일언날보건ᄃᆡᆫᄇᆡ삼긴制
度야至妙ᄒᆞᆫ덧ᄒᆞ다마ᄂᆞᆫ엇디ᄒᆞᆫ우리물은ᄂᆞᄂᆞᆫᄃᆞᆺ
ᄒᆞᆫ板屋船을晝夜의빗기ᄐᆞ고臨風咏月호ᄃᆡ興이
전혀업ᄂᆞᆫ게오昔日舟中에ᄂᆞᆫ杯盤이狼籍터니今
日舟中에ᄂᆞᆫ大劒長鎗ᄲᅮᆫ이로다ᄒᆞᆫ가지ᄇᆡ연마ᄂᆞᆫ
가진ᄇᆡ다라니其間憂樂이서로ᄀᆞᆺ지못ᄒᆞ도다時
時로멀이드러　北辰을ᄇᆞ라보며傷時老淚ᄅᆞᆯ天
一方의디이ᄂᆞ다吾東方文物이漢唐宋애디랴마
ᄂᆞᆫ　國運이不幸ᄒᆞ야海醜兇謀애萬古羞을안고

이셔百分에ᄒᆞᆫ가치도못시셔ᄇᆞ려겨든이몸이無
狀ᄒᆞᆫ돌臣子ㅣ되야이셔다가窮達이길이달라몬
뫼옵고늘거신돌憂國丹心이야어ᄂᆡ刻애이즐넌
고慷慨계운壯氣ᄂᆞᆫ老當益壯ᄒᆞ다마ᄂᆞᆫ됴고마ᄂᆞᆫ
이몸이病中에드러시니雪憤伸冤이어려올듯ᄒᆞ
건마ᄂᆞᆫ그러나死諸葛도生仲達을멀리좃고발업
ᄉᆞᆫ孫臏도龐涓을잡아거든ᄒᆞ믈며이몸은手足이
ᄀᆞ자잇고命脈이이어시니鼠竊狗偸을저그나저
흘소냐飛艇에돌려드러先鋒을거치면九十月霜
風에落葉가치헤치리라七縱七擒을우린돌못ᄒᆞᆯ

것가蠢彼島夷들아수이乞降ᄒᆞ야ᄉᆞ라降者不殺

이니너를구ᄐᆡ여殲滅ᄒᆞ랴吾 王聖德이欲并生ᄒᆞ

시니라太平天下애堯舜君民되야이셔日月光華

ᄂᆞᆫ朝復朝ᄒᆞ얏거든戰艘ᄐᆞ던우리몸도漁舟에唱

晩ᄒᆞ고秋月春風에놉히베고누어이셔 聖代海

不揚波ᄅᆞᆯ다시보려ᄒᆞ노라

獨樂堂 在慶州玉山即晦齋李先生所居堂也公往尋遺躅因作此歌

紫玉山名勝地예獨樂堂이蕭灑ᄒᆞᆷ을들런디오래

로ᄃᆡ이몸이武夫로셔海邊事ㅣ孔棘거ᄂᆞᆯ一片丹

心에奮義를못내ᄒᆞ야金鎗鐵馬로餘暇업시奔走

터가中心景仰이白首에더옥깁허竹杖芒鞋로오
날사左자오니峰巒은秀麗ᄒᆞ야武夷山이되여잇
고流水ᄂᆞᆫ盤回ᄒᆞ야後伊川이되엿ᄂᆞ다이러ᄒᆞᆫ名
區에임져어이업도던고一千年新羅와五百載高
麗에賢人君子들이만히도지닌마ᄂᆞᆫ天慳地秘ᄒᆞ
야我先生ᄭᅴ기치도다物各有主ㅣ어든ᄃᆞ토리이
실소냐靑蘿를헤혀드러獨樂堂을여러니니幽閑
景致ᄂᆞᆫ견ᄒᆞᆯ듸뇌야엽ᄂᆡ千竿脩竹은碧溪조차둘
너잇고萬卷書冊은四壁의사혀시니顔曾이在左
ᄒᆞ고游夏ᄂᆞᆫ在右ᄒᆞᆫ듯尙友千古ᄒᆞ며吟詠을일을

삼아間中靜裏예潛思自得ᄒᆞ야혼자즐겨ᄒᆞ시던
다獨樂이일홈稱情ᄒᆞᆫ줄그뉘알리司馬溫公獨樂
園이아무려조타ᄒᆞᆫ들其間眞樂이야이獨樂애더
ᄒᆞᆯ손가尋眞을못내ᄒᆞ야養眞菴의노라드러臨風
靜着ᄒᆞ니내ᄯᅳᆮ도瑩然ᄒᆞ다退溪先生手筆이眞得
인줄알리로다觀魚臺ᄂᆞ려오니ᄭᆞ론ᄃᆞᆺᄒᆞᆫ盤石의
杖屨痕이보이ᄂᆞᆫᄃᆞᆺ手栽長松은녯빗츨ᄯᅴ여시니
依然物色이긔더옥반가올샤神淸氣爽ᄒᆞ야芝蘭
室에든ᄃᆞᆺᄒᆞ다多少古跡을보며믄득ᄉᆡᆼ각ᄒᆞ니層
巖絶壁은雲母屛이졀로되야龍眠妙手로그린ᄃᆞᆺ

시버리잇고百尺澄潭애天光雲影이얼희여ᄌᆞᆷ겨
시니光風霽月이부ᄂᆞᆫ듯ᄇᆞ시ᄂᆞᆫ듯鳶飛魚躍을말
업ᄉᆞᆫ벗을삼아沈潛翫索ᄒᆞ야聖賢事業ᄒᆞ시덧다
淸溪를빗기건너釣磯도宛然ᄒᆞᆯ샤문노라白鷗들
아녜닐을아ᄂᆞᆫ산다嚴子陵이어ᄂᆡᄒᆡ예漢室로가
단말고苔深磯上애暮烟만ᄌᆞᆷ겨셰라春服을ᄀᆡ로
닙고詠歸臺에올라오니麗景은古今업서淸興이
절로하니風乎詠而歸를오ᄂᆞᆯ다시본ᄃᆞᆺᄒᆞ다臺下
蓮塘의細雨잠깐지나가니碧玉ᄀᆞᄐᆞᆫ너븐닙헤흐ᄐᆞᆫ
ᄂᆞ니明珠로다이러ᄒᆞᆫ淸景을보암즉도ᄒᆞ다마ᄂᆞᆫ濂

溪가신後에 몃몃ᄒᆡ를 디닌게오 依舊淸香이 [illegible]묘

ᄒᆞᆫ자 남아고야 紫烟이 빗긴아래 瀑布를 멀리보니

丹崖노ᄑᆞᆫ 곳희 긴 ᄂᆡ히 걸녀ᄂᆞᆫ ᄃᆞᆺ 香爐峰 긔어ᄃᆡ오

廬山이 예롯던가 澄心臺 구어보니 鄙吝텻 胸襟이

새로온 ᄃᆞᆺᄒᆞ다마ᄂᆞᆫ 寂寞空臺예 외로이 안자시니

風淸鏡面의 山影만 ᄌᆞᆷ겨잇고 綠樹陰中에 왼갓 ᄉᆡ

슬픠운다 徘徊思憶ᄒᆞ며 眞跡을 다 차ᄌᆞ니 濯纓臺

淵泉은 古今업시 ᄆᆞᆰ다마ᄂᆞᆫ 末路紅塵에 사ᄅᆞᆷ마다

紛競거든 이리조ᄒᆞᆫ 淸漣애 濯纓ᄒᆞᆯ 줄 긔 뉘 알리 獅

子巖 노피 올라 道德山을 바라보니 玉蘊含輝ᄂᆞᆫ 어

제롭덧ᄒᆞ다마ᄂᆞᆫ鳳去山空ᄒᆞ니杜鵑만나죄운다
桃花洞ᄂᆞ린물리不舍晝夜ᄒᆞ야落花조차흘러오
니天台山가武陵인가이ᄯᅡ히어ᄃᆡ게오仙蹤이아
득ᄒᆞ니아모된줄모ᄅᆞ로다仁者도아닌몸이므슴
理를알리마ᄂᆞᆫ樂山忘歸ᄒᆞ야奇巖을다시비겨새
原遠近에景致를살펴보니萬紫千紅은비단빗치
되여잇고衆卉群芳은谷風에ᄂᆞᆯ려오고山寺鍾聲
은구롬밧긔들리ᄂᆞ다이러ᄒᆞᆫ形勝을范希文의文
筆인들다서ᄂᆡ기쉬울넌가滿眼風景이客興을도
오ᄂᆞᆫᄃᆞᆺ任意逍遙ᄒᆞ며점즉되되도라오니擧目西

岑의夕陽이거의로다獨樂堂고쳐올나左右를살
펴보니先生風彩를親히만나뵈ᄋᆞᆸᄂᆞᆫᄃᆞᆺ羮墻의儼
然ᄒᆞ야俯仰歎息ᄒᆞ며當時ᄒᆞ시던닐다시곰思想
ᄒᆞ니明牕靜几예世慮을이즈시고聖賢書의着意
ᄒᆞ야功效ᄅᆞᆯ일워니여繼往開来ᄒᆞ야吾道ᄅᆞᆯ발키
시니吾東方樂只君子ᄂᆞᆫ다ᄆᆞᆫ인가너기로라ᄒᆞᆯ
며孝悌ᄅᆞᆯ本을삼고忠誠을벱허니여 聖朝의나
아들러稷契의몸이되야唐虞盛時ᄅᆞᆯ일월가바라
더가時運이不幸ᄒᆞ야忠賢을遠斥ᄒᆞ니듯ᄂᆞ니보
ᄂᆞ니深山窮谷앤들뉘아니悲感ᄒᆞ리七年長沙이

不見天日ᄒᆞ고閉門深省ᄒᆞ샤道德만닷그시니邪
不勝正이라公論이절로이러尊崇道德을사람마
다ᄒᆞᆯ줄아라江界ᄂᆞᆫ謫所로ᄃᆡ遺化를몯너이저窮
巷絶域의祠宇조차셔워시니士林趨仰이야더옥
닐러무엇ᄒᆞ리紫玉泉石우희書院을디어두고濟
濟青衿이絃誦聲을아이어시니濂洛群賢이이ᄯᅡ희
뫼왓ᄂᆞᆫ닷求仁堂도마올라體仁廟도嚴肅ᄒᆞᆯ샤수
秋血食이偶然아닌일이로다追崇尊敬을ᄒᆞᆯ소록
몯너ᄒᆞ야文廟從享이긔더옥盛事로다吾東方文
憲이漢唐宋애비긔로쇠紫陽雲谷도어즤버여긔

로다 洗心臺ᄂᆞ린믈에 德澤이 이어ᄒᆞ며 龍湫 ᄀᆞᆷ촌
곳에 神物조차 ᄌᆞᆷ겨시니 天工造化ㅣ 그더욱 奇異
ᄒᆞ고야 無邊一景을 더ᄎᆞᆺ기어 며올ᄉᆡ 樂而忘返ᄒᆞ야
旬月을 淹留ᄒᆞ며 固陋ᄒᆞᆫ 이몸애 誠敬을 닙이ᄒᆞ야
先生文集을 仔細히 살펴보니 千言萬語다 聖賢의
말ᄉᆞᆷ이라 道脈工程이 日月ᄀᆞᆺ치 ᄇᆞᆯ가시니 어드운
밤길히 明燭잡고 옌ᄃᆞᆺᄒᆞ다 ᄌᆞᆫ실로 이 遺訓을 腔子
裏에 가ᄃᆞ담아 誠意正心ᄒᆞ야 修誠을 닙에ᄒᆞ면 言
忠行篤ᄒᆞ야 사ᄅᆞᆷ마다 어질로다 先生遺化至極ᄒᆞᆷ
이 엇더ᄒᆞ뇨 噫我後生들아 趣仰을 더옥 놉혀 萬世

十二

千秋에山斗갓치바ᄅᆡ사다天高地厚도有時盡ᄒᆞ
려니와獨樂堂淸風은가업실가ᄒᆞ노라

嶺南歌 乙亥李相國謹元按節嶺南布德宣化想一道如一家當適民皆感恩而願留故公作歌以謹表之

嶺南千里外예壬辰變後나믄百姓賊賂初頭에어
니世業가질넌고遺墟蕪沒ᄒᆞᆫ듸草屋數間디어두
고陳荒薄田을가다얼미갈리런고ᄌᆞ도多事ᄒᆞᆫ듸
賦役이나적을넌가朝夕도못내이어飢寒애늘거
신을戀 主丹心이야어니刻애이즐넌고白日갓
ᄒᆞᆫ 聖明이萬里밧글다보시니深仁至德으로惻

恒ᄒᆞᆫ侯을두샤巡相閤下를特別이보내시니嶺南
殘民이再生秋아ᄂᆞ온가白玉ᄀᆞᆺ치몰그시고河海
ᄀᆞᆺ치깁흔侯에明德新民을一身에일을삼아九經
八目을誠敬中에부쳐두고稷契皐陶몸이되야致
君堯舜을뵈옵고야말랴너겨承流宣化ᄒᆞ야養民
ᄒᆞᆯ侯을두샤七十州一家삼아父母心을가지시고
어미일흘모든赤子如保息을납히시니大旱에百
穀이時雨를만나ᄂᆞᆫᄃᆞᆺ涸轍枯魚ㅣ깁픈소애잠겨
ᄂᆞᆫᄃᆞᆺ千千萬萬家애德化곧오미쳐시니不世情東
風이ᄒᆞᆫ빗ᄎᆞ로부ᄂᆞᆫᄃᆞᆺ다相國恩波ᄂᆞᆫ편ᄒᆞᆯ듸뇌야

업니農桑을勸ᄒᆞ시며軍政도다그시니男耕女織
에萬民이安業ᄒᆞ고弓矢斯張ᄒᆞ야武備도마ᄌᆞᆺᄂᆞ
다ᄒᆞ믈며氷玉精神에霽月胸襟으시고盡心國
事ᄒᆞ야忠誠을다ᄒᆞ시며學校明倫을政事中에大
本삼아斯文一事을己任을삼으시니吾道幸甚이
時運이아니온가政治이러ᄒᆞ니뉘아니感激ᄒᆞ리
列邑守令이相國의法을밧아愛民一心이遠近업
사다ᄀᆞᆺᄒᆞ니엇거제石壕村이武陵桃源되엿ᄂᆞᆫ가
竹院松牕애絃誦聲을이어거ᄂᆞᆯ綠楊亭畔애擊壤
歌을불러니니無懷氏적사람인가葛天氏ᄯᅵ百姓

인가 唐虞盛時을 오ᄂᆞᆯ다시 본ᄃᆞᆺᄒᆞ다 許多好訟輩
ᄂᆞᆫ 어드러로 다 간게오 獄訟이 止息ᄒᆞ니 囹圄空虛
ᄒᆞ단 말가 民心이 感化ᄒᆞ야 절노절노 ᄀᆞ려토다 必
也使無訟을 千載下애 보아고야 公庭이 無事ᄒᆞ니
村落도 일이 업다 多少行人은 男女分明 異路ᄒᆞ고
西疇處處에 耕者讓畔ᄒᆞᄂᆞᆫ괴야 뭇노라 布穀아 이
ᄯᅡ히 어ᄃᆡ오 어즈버 이몸이 周界예 드러온ᄃᆞᆺ 相國
風化 아ᄆᆡ도 그지업ᄂᆡ 召公의 德化 ᄂᆞᆺ겨 寇君 一年
빌고제라 嶺南士民들아 이 ᄇᆡ 말ᄉᆞᆷ 仔細 듯소 相國
恩德을 못니 즐ᄒᆞᆫ 닐ᄒᆞ시 齊紈를 만히사 고 真彩를

蘆溪集卷之三 十九

가초어더相國風度를司馬溫公畫像갓치無限無限그려너야嶺南千萬家애壁上의부져두고中心에그리온적이어든보옵고쟈ᄒᆞ노라

## 蘆溪歌

白首에訪水尋山太晩ᄒᆞᆫ줄알건마ᄂᆞᆫ平生素志를ᄲᅧ고야말랴녀겨赤鼠三春에春服을새로닙고竹杖芒鞋로蘆溪깁흔골의힝혀마참차ᄌᆞ오니第一江山이님ᄌᆡ업시ᄇᆞ려ᄂᆞ다古往今來예幽人處士들이만히도잇것마ᄂᆞᆫ天慳地秘ᄒᆞ야ᄂᆞ를주랴남겨ᄯᅧᆺ다躑躅良久타가夕陽이거의적의陟彼高岡ᄒᆞ、

야四隅로도라보니玄武朱雀과左右龍虎도그린
듯시마잣고야山脈밋친아릐藏風向陽ᄒᆞᆫ듸青蘿
믈허혀드러數椽蝸室을背山臨流ᄒᆞ야五柳邊에
디어두고斷崖千尺이가던龍이머무ᄂᆞᆫ듯江頭에
둘렷거ᄂᆞᆯ草草亭ᄒᆞᆫ두間을구름ᄯᅴᆫ긴솔아릐바휘ᄃᆡ
켜여러니니千態萬狀이아마도奇異코야峰巒은秀
麗ᄒᆞ야富春山이되야잇고流水ᄂᆞᆫ盤回ᄒᆞ야七里灘
이되야거든十里明沙ᄂᆞᆫ三月눈이되엿ᄂᆞ다이湖山
形勝은견졸ᄃᆡ뇌야업ᄂᆡ巢許도아닌몸애어ᄂᆡ節
義알리마ᄂᆞᆫ偶然時來예이名區임ᄌᆡ되여青山流

水와明月清風도말업시절로절로어즈러온鷗鷺와數업슨麋鹿도갑업시절로절로沮溺가던묵은밧과嚴子陵의釣臺도갑업시절로절로山中百物이다절로己物되니子陵이둘이오沮溺이서히로다어즈버이몸이야마도性異코야八山當年에隱君子되얏는가千古芳名을이ᄒᆞᆫ몸애傳토고야人間의이일홈이人力으로일월소냐山川이靈異ᄒᆞ야도아번가녀기로라中心이瑩然ᄒᆞ야世慮절로그쳐디니光風霽月이腔子裏예품엇ᄂᆞᆫᄃᆞᆺ浩然眞趣날로새롬ᄒᆞ노왜라飛禽走獸ᄂᆞᆫ六畜이되얏거

놀달알의피기낙고구룸속의밧흘가라먹고못나
마도그칠젹은업노왜라無盡ᄒᆞᆫ江山과許多ᄒᆞᆫ閑
田은分給子孫ᄒᆞ려니와明月淸風은논ᄒᆞᆫ듀기어려
올셔才與不才예養志ᄒᆞᄂᆞᆫ아ᄃᆞᆯᄒᆞᆫ아太白淵明證
筆에永永別給ᄒᆞ렷노라내의이말이迂闊ᄒᆞᆫᄃᆞᆺᄒᆞ
것마ᄂᆞᆫ爲子孫計ᄂᆞᆫ다만인가너기로라ᄯᅩ어린이
몸은仁者도아니오智者도아니로ᄃᆡ山水에癖이
이러늘글ᄉᆞ록더욱ᄒᆞ니져貴ᄒᆞᆫ三公과이江山을
밧골소냐어리미친이말을우으리도하렷마ᄂᆞᆫ아
므리우어도나ᄂᆞᆫ됴히너기노라ᄒᆞ믈며明時예ᄇᆞ

린몸어ᄒᆞ올날이아조업서世間名利란ᄯᅳᆫ구룸보
듯ᄒᆞ고無思無慮ᄒᆞ야物外心만품고이셔이니生
涯을山水間의부터두고春日이채긴제낙ᄃᆡ를비
기쥐고葛巾布衣로釣臺예건너오니山雨ᄂᆞᆫ잠깐
개고六陽이倒오ᄂᆞᆫᄃᆡ몰근바람더ᄃᆡ오니鏡面이
더옥ᄇᆞᆰ다ᄀᆞᆷ흔돌이다보이며회기數를알리로다
피기로나치이거놀빌줄모ᄅᆞ거ᄂᆞᆫ차마어ᄯᅵ낙글
년고罷釣緋細ᄒᆞ며波心을구어보니雲影天光은
얼긔여ᄌᆞᆷ겨ᄂᆞᆫᄃᆡ魚躍于淵을구붐후희보아고야
하ᄂᆞᆯ후驚怵ᄒᆞ야俯察仰觀ᄒᆞ니上下天이宛然ᄒᆞ

다一陣東風에괴엇진漁笛이놉히부러보ᄂᆡ던고
江天이寥寂ᄒᆞᆫ듸반가와도들리ᄂᆞ다臨風倚杖ᄒᆞ
야左右로도라보니臺中清景이아마도蕭灑코야
물도하ᄂᆞᆯ갓고하ᄂᆞᆯ도물갓ᄒᆞ니碧水長天은ᄒᆞᆫ빗
티되얏거든물가애白鷗ᄂᆞᆫ오ᄂᆞᆫᄃᆞᆺ가ᄂᆞᆫᄃᆞᆺ긋칠줄
을모ᄅᆞᄂᆞ다巖畔山花ᄂᆞᆫ錦繡屛이되야잇고澗邊
垂楊은草綠帳이되야거든良辰佳景을내혼자거
ᄂᆞ리고正値花時를虛度치밀나녀겨아희불너하
ᄂᆞᆫ말ᄉᆞᆷ이深山窮谷애海錯이야보로소냐살진고
사리香氣ᄒᆞᆫ當歸草를猪脯鹿脯相間ᄒᆞ야크나큰細

柳笥애洽足히다마두고鮒魚膾初味예訥魚生雉
서거구어빗빗치드리거든尾樽에白酒를박잔의
가두부어ᄒᆞᆫ잔ᄯᅩᄒᆞᆫ잔醉토록먹은後에桃花ᄂᆞᆫ紅
雨되야醉面에ᄲᅮᆯ리ᄂᆞᆫᄃᆡ苔磯너븐돌애놉히베고
누어시니無懷氏적사ᄅᆞᆷ인가葛天氏ᄯᅵ百姓인가
羲皇盛時를다시본가너기로라이힘이뉘힘고
聖恩이아니신가江湖애물너신ᄃᆞᆯ憂 君一念이
야어ᄂᆡ刻애이즐ᄂᆞᆫ고時時로머리드러 北辰을
ᄇᆞ라보고ᄂᆞᆷ모ᄅᆞᄂᆞᆫ눈물을天一方의디이ᄂᆞ다一
生애품은ᄯᅳᆮ을비옵ᄂᆞ다하ᄂᆞ님아山平海渴토록

우리 聖主 萬歲소셔 熙皡世界에 三代日月 빗취소셔 於千萬年에 兵革을 쉬우소셔 耕田鑿井에 擊壤歌를 불리소셔 이몸은 이 江山風月에 늘글주를 모르노라

五倫歌

父子有親

아비ᄂᆞᆫ 나ᄋᆞ시고 어미ᄂᆞᆫ 치옵시니 昊天罔極이라 갑흘길이 어려우니 大舜의 終身誠孝도 못다 한가 ᄒᆞ노라

人生百歲 中에 疾病이 다 이시니 父母를 셤기다 몃

히믈섭길넌고아마도못다ᄒᆞᆯ誠孝ᄅᆞᆯ일즉벼펴보
뎟로라
父母섭기기늘至誠으로섭기리라鷄鳴에盥漱ᄒᆞ
고燠寒을뭇ᄌᆞ오며날마다侍側奉養을沒身不衰
ᄒᆞ오리라
世上사ᄅᆞᆷ들아父母恩德아ᄂᆞ산다父母곳아니면
이몸이ᄭᅵ엿소냐生死葬祭예禮로ᄡᅥ終始갓게섭
겨서라
三千罪惡中에不孝애더니업다夫子의이말ᄉᆞᆷ萬
古애大法삼아아모려下愚不移도밋처알게ᄒᆞ엿

ᄆᆞ라

君臣有義

聖恩이罔極ᄒᆞᆫ줄사ᄅᆞᆷ들아아ᄂᆞᆫ다 聖恩곳안
니면萬民이살로소냐이몸은罔極ᄒᆞᆫ 聖恩을갑
고ᄇᆞᆯ뎍ᄒᆞ노라

稷契도안븐몸애 聖恩도罔極ᄒᆞ오샤百번을죽어
도갑ᄒᆞᆯ길이업건마ᄂᆞᆫ窮達이길이달나못뫼ᄋᆞᆸ고
셜웟로라

사ᄅᆞᆷ삼기실제君父갓게삼겨시니君父ㅣ一致라
輕重을두로소나이몸은忠孝두사이에늘글주를

모ᄅᆞ보라
深山의밤이드니北風이더옥차다玉樓高處에도
이ᄇᆞᄅᆞᆷ부ᄂᆞᆫ게오긴밤의치우신가北斗비겨바릭
모라
이몸이죽은後에忠誠이넉시되야놉히놉히ᄂᆞ라
올라閶闔을블녀열고上帝ᄭᅴ우리 聖主를壽萬
歲케비로리라

夫婦有別

夫婦ㅣ이신後에父子兄弟삼겨시니夫婦곳아니
면五倫이가즐소냐이中에生民이비롯ᄒᆞ니夫婦

크다ᄒᆞ로라

사람내신적의夫婦ᄀᆞᆺ게삼겨시니天定配匹이라

夫婦ᄀᆞᆺ치重ᄒᆞᆯ소냐百年을아적삼아如鼓瑟琴ᄒᆞ

뎟로라

夫婦을重타ᄒᆞᆫ들情만重케가질것가禮別업시居

處ᄒᆞ며恭敬업시조ᄒᆞᆯ소냐一生애敬待如賓을冀

缺갓치ᄒᆞ오리라

夫婦삼길적의하重케삼겨시니夫唱婦隨ᄒᆞ야一

家天地和ᄒᆞ리라날마다擧顔齊眉을孟光ᄀᆞᆺ게ᄒᆞ

여라

남으로삼긴거시夫婦ᄀᆞᆺ치重ᄒᆞᆯ넌가사ᄅᆞᆷ의百福
이夫婦에가갓거든이리重ᄒᆞᆫᄉᆞ이에아니和코엇
지ᄒᆞ리

兄弟有愛

兄弟내삳적의同氣로삼겨시니骨肉至親이兄弟
ᄀᆞᆺ치重ᄒᆞᆯ넌가一生애友愛之情을ᄒᆞᆫ몸ᄀᆞᆺ치ᄒᆞ리
라
爭財에失性ᄒᆞ야同氣不睦마라ᄉᆞ라田地와奴婢
ᄂᆞᆫ갑슬주면살련이와아모려萬金인ᄃᆞᆯ兄弟삽티
잇ᄂᆞ냐

友愛를尤篤ᄒᆞ야百年을ᄒᆞᆫᄃᆡ살며ᄒᆞᆫ옷ᄒᆞᆫ밥을논
하닙고논하먹고白髮애아뮈줄모ᄅᆞ도록ᄒᆞᆷ긔늘
쟈ᄒᆞ노라

同氣로섯몸되야ᄒᆞᆫ몸가치지ᄂᆡ다가두아은어ᄃᆡ
가셔도라올줄모ᄅᆞᄂᆞᆫ고날마다夕陽門外예한숨
계워ᄒᆞ노라

友愛깁흔ᄯᅳᆫ지表裏업시ᄒᆞᆫ侯되야이中에和兄弟
를우린가녀겨ᄯᅥ니엇지라白首隻鴈이혼자울줄
알리오

朋友有信

벗을사괼딘딘有信케사괴리라信업시사괴며恭
敬업시지닐소냐一生애久而敬之을始終업게ᄒᆞ
오리라
言忠行篤ᄒᆞ고벗사고기삼가오면내몸애辱업고
외다ᄒᆞ리적거이와진실로삼가지못ᄒᆞ면辱及其
親ᄒᆞ오리라 三章 缺

總論

天地間萬物中에사ᄅᆞᆷ이最貴ᄒᆞᆫ니最貴ᄒᆞᆫ바ᄂᆞᆫ五
倫이아니온가사ᄅᆞᆷ이五倫을모ᄅᆞ면不遠禽獸ᄒᆞ
리라

幸玆秉彝心이古今업시다이실시爰輯舊聞ᄒᆞ야
二三篇지어시니嗟我後生들아살펴보고힘서ᄒᆞ
라
仔細히살펴보면뉘아니感激ᄒᆞ리文字ᄂᆞᆫ拙ᄒᆞ되
誠敬을삭여시니진실로熟讀詳味ᄒᆞ면不無一助
ᄒᆞ리라

辛酉秋與鄭寒岡浴于蔚山椒井

神農氏모론藥을이椒井의숨겨던가秋陽이倒오
ᄂᆞ린물속의잠겨시니曾點의浴沂氣像을오ᄂᆞᆯ다
시본ᄃᆞᆺᄒᆞ다

紅塵에 ᄯᅳ지 업셔 斯文을 닐을 삼아 繼往開來ᄒᆞ야 吾道을 ᄂᆞᆯ키시니 千載後 晦菴先生을 다시 본ᄃᆞᆺᄒᆞ여라

立巖 時旅軒張先生寓居本郡北立巖公嘗從遊代旅軒作此歌

無情히 셔ᄂᆞᆫ 바회 有情ᄒᆞ야 보이ᄂᆞ다 最靈ᄒᆞᆫ 吾人도 直立不倚 어렵거ᄂᆞᆯ 萬古애 곳게 선 저 얼구리고 칠 적이 업ᄂᆞ니라

江頭에 屹立ᄒᆞ니 仰之에 더옥 놉다 風霜애 不變ᄒᆞ니 鑽之예 더옥 굿다 사ᄅᆞᆷ도 이 바회 ᄀᆞᆺᄒᆞ면 大丈夫ㅣ 가 ᄒᆞ노라

ᄒᆞᆫ말도 업ᄉᆞᆫ 바회 사괼일도 업건만ᄋᆞᆫ 古貌
眞態ᄅᆞᆯ 벗ᄉᆞ마 오ᄎᆞ시니 世上애 益者三友ᄅᆞᆯ사
필ᄯᅳᆯ 모ᄅᆞ노라 此曲丙申春採拾其先祖散錄採得遂之故庚子夏追刊
繩墨업서 삼긴 바회 어너 規矩 알니마ᄂᆞᆫ 놉고도
고다나 貴하야 보난다 애ᄃᆞᆯ다 미하 사람이오
니ᄃᆞᆯ마도 못하랴
卓然直立ᄒᆞ니 法 비담즉ᄒᆞ다마ᄂᆞᆫ 구룸 깁흔 峽中
에 알리 잇사 ᄎᆞ자오라 努力躋攀ᄒᆞ면 高觀이야만
ᄒᆞ니라
世情이 하 殊常ᄒᆞ니 나ᄅᆞᆯ 본 ᄃᆞᆯ 반길 보가 替循

ᄉᆞᄒᆞ야 내어ᄃᆡ 올마가료 山 됴코 믈됴ᄒᆞᆫ 곧의
삼긴대로 늘그리라 此下五曲丙申春孫均其先祖收錄採得送之故庚子夏追刊
天皇氏처음부터니 深山의 혼ᄌᆞ 이셔너보고반
가기를몃사ᄅᆞᆷ이지 내던고萬古애許多英雄
을드 러보려하노라
巢許지난後에 巖處士를만낫다가낫비여희고
알니업시베렷드니오ᄂᆞᆯᄉᆞ ᄯᅩ너를만나니
時運인가하노라
從容히다사뭇자녀나전지몃千年고네나흔
必然하고내나흔적건마ᄂᆞᆫ 나제나녀과나

와ᄂᆞᆫ홈긔ᄂᆞᆯ자ᄒᆞ노라
唐虞ᄅᆞᆯ그재본듯 漢唐宋을어제본듯 ᄭᅮᆷᄀᆞᆺ치
지내가니남은희도적다만ᄂᆞᆫ十二會못다간ᄣᅢ
드란나도너와ᄂᆞᆯ그리라

精舍

草屋두세間을巖穴에부쳐두고松竹두빗치病目
애익어시니이中에春去秋來ᄅᆞᆯ아므젠줄모ᄅᆞ로다

起予巖

夫子의起予者ᄂᆞᆫ商也라ᄃᆞ러더니오날起予者ᄂᆞᆫ
말업ᄉᆞᆫ바회로다어리고鄙塞던미암이절로새롬

ᄒᆞᄂᆞ다

戒懼臺

戒懼臺올라오니 믄득졀로戰兢ᄒᆞ다臺上애 살펴보며이ᄀᆞᆺ치저흡거든못보고못듯ᄂᆞᆫ샤히야아니삼가엇지ᄒᆞ리

吐月峰

峰頭에소슨돌이山中의비취노다九萬里長天이멀고도놉건마ᄂᆞᆫ高山이拄天ᄒᆞ니도름우ᄒᆞᆯ로나ᄂᆞᆫ덧다

九仞峰

嵬嵬ᄒᆞᆫ九仞峰이衆山中에秀異코야下學上程이
이山하기갓건마는엇디타이제爲山은功虧一簣
ᄒᆞᄂᆞᆫ게오

小魯岑

南魯岑이일홈을뉘라서지은게오夫子登臨도ᄒᆞᆫ
東山아니런가萬古靑山이只麽히놉하시러ᄒᆞ고
된줄모ᄅᆞ로다

避世臺

名利에ᄠᅳ지업서ᄇᆡ오ᄉᆡ막ᄃᆡ집고訪水尋山ᄒᆞ야
避世臺예드러오니어즈버武陵桃源도여긔런가

ᄒᆞ로라

合流臺

合流臺ᄂᆞ린물아보기예有術ᄒᆞ다彼此업시흐르더가고左右에逢源ᄒᆞ니分時異合時同을이臺下애아라고야

尋眞洞

尋眞洞ᄂᆞ린물이巖下애구븨지어不舍晝夜ᄒᆞ야亭子압ᄒᆡ드러오니어즈버洛水伊川을다시본ᄃᆞᆺᄒᆞ여라

採藥洞

솔알의아희들아네얼운어ᄃᆡ가뇨藥ᄏᆡ러가시니
ᄒᆞ마도라오려마ᄂᆞᆫ山中에구름이겁후니갈곳몰
라ᄒᆞ노라

浴鶴潭

浴鶴潭ᄆᆞᆰ근물에鶴을조차沐浴ᄒᆞ고訪花隨柳ᄒᆞᆯ
야興을ᄐᆞ고도라오니아무리風乎舞雩詠而歸ᄒᆞᆫ
듣블을알이이시랴

數魚淵

淵泉이하맑그니가ᄂᆞᆫ고기다보ᄂᆞᆫ다一二三四를
낫낫치혜리로다童子야새줄에고기ᄆᆞᆯ다시혜여

보아라

響玉橋

磯頭에누엇다가ᄭᆡᄃᆞ라니ᄃᆞᆯ이불다靑藜杖빗기
집고玉橋를건너오니玉橋애믈근소릐를자ᄂᆞᆫ새
만애놋다

釣月灘

낙대를빗기쥐고釣月灘ᄂᆞ리ᄂᆞ려불근역귀에혀
혀고ᄃᆞᆯ알이안ᄌᆞ시니아모려桐江興味ᄂᆞᆫᄃᆞᆯ블을
주리이시랴

耕雲野

沮溺의가던밧치千年을묵어거ᄂᆞᆯ구룸을허혀드
러두세이렁가랴두고生涯를足다사ᄒᆞᆯ가마ᄂᆞᆫ부
르거ᄉᆞᆫ업노왜라

停雲嶺

停雲嶺ᄇᆞ라보니天中에두렷피야陡彼崔嵬ᄒᆞ면
五雲蓬萊보면마ᄂᆞᆫ病目애눈물이얼희니바라보
가아득ᄒᆞ다

産芝嶺

産芝嶺올나오니一身이香氣롭다四皓商山도이
芝嶺아니런가山路애구룸이깁ᄒᆞ니아모된줄모

ᄅᆞ로다

隔塵嶺

隔塵嶺하놉ᄒᆞ니紅塵이머러ᄀᆞᆫᄃᆡ ᄀᆞᆺ득이먹은귀
씻슨ᄃᆞ독먹어가니山밧긔是是非非를듯도보도
못ᄒᆞ로다

盡臺臺

江上山ᄃᆞ린ᄀᆞᆺ힌솔아ᄃᆡ녀븐돌해翠嵐丹霞ㅣ疊
疊이둘러시너어즈버雲母屛風을ᄀᆞᆺ그린ᄃᆞᆺᄒᆞ여
라

思親

霜露既降ᄒᆞ니봄기도悽愴코야이옷시엳다ᄒᆞ야
치위저허그려ᄒᆞ랴一生애永慕方寸의ᄀᆞᆫ득늣겨
ᄒᆞ로라

慕賢

ᄒᆞᆫ가올샤오ᄂᆞᆯ날에首陽隱士보완제고正色歎然
ᄒᆞ고남ᄃᆞ려ᄒᆞᄂᆞᆫ말ᄉᆞᆷ至今에叩馬ᄒᆞ던忠義를못
니ᄃᆞ稱ᄒᆞ더마
汨羅ᄂᆞᆫ긴물이靈均의怨淚로다爲國忠憤을녀시
라도못내이저至今에嗚咽沒聲이어제론듯ᄒᆞ얏
ᄂᆞ다

## 蘆洲幽居

어화 아ᄒᆡ들아 후리치고 가자ᄉᆞ라 田園이 뷔엿거니 엇지 아니 가로소냐 道川上 明月淸風이 날 기ᄃᆞᄃᆡ기오ᄅᆡ니라

## 自警

明鏡에 ᄐᆡ ᄭᅵ거던 갑주고 닷글 줄 아희 어룬 업시 다 맛치 알건 마ᄂᆞᆫ 감 업시 닷글 明德을 닷글 줄 모ᄅᆞᄂᆞ다

誠意關 도라드러 八德門 ᄇᆞ라보니 크나 큰 ᄒᆞᆫ 길이 넙고도 곳다마ᄂᆞᆫ 엇지라 盡日行人이 오도 가도 아

넌게오

九仞山긴솔베혀濟世舟를무어ᄂᆡ야 길녈ᄒᆞᆫ行人을다건너려ᄒᆞ엿어니사공도無狀ᄒᆞ야暮江頭에ᄇᆞ렷ᄂᆞ다

續刋

江湖에노ᄂᆞᆫ고기질기물쟈랑마라 어부도라간후ᄇᆡᆨ구잇셔엿보ᄂᆞ니종일을ᄯᅳ락잠기락한가하ᄯᅵ 업서리

# 立巖別曲

# 立巖別曲

塵世上 살암들아 立巖風景 보앗ᄂᆞᆫ다 武陵이 ᄀᆞᆺ타 ᄒᆞᆫ들 이예셔 나올쇼냐 峯頭에 ᄯᅳᆫ 白鶴은 雲間에 춤을 츄고 深源의 숨은 杜鵑 月下의 슬피 운다 蓬萊가 어ᄃᆡ메오 瀛洲가 뎌긔로다 日躋堂 올나 안ᄌᆞ 二十八景 도라보니 卓立巖 두렷ᄒᆞ야 淸川의 砥柱되고 起予巖 삼겨 나셔 戒懼臺도 여시니 臨危戒懼 ᄒᆞ신 말ᄉᆞᆷ 녯ᄯᆡ예 뫼왓ᄂᆞᆫ 덧 九仞峯 놉ᄒᆞᆫ 봉이 功虧一簣 죠심ᄒᆞ쇼 吐月峯 ᄃᆞᆯ ᄯᅳᆫ 거동 峯頭 生出ᄒᆞᄂᆞᆫ 덧다 小魯岑 올나 안ᄌᆞ 天下을 젹단 말ᄉᆞᆷ 孔夫子의 大觀

이라 우리 어이 의논ᄒᆞ니 產芝嶺 올나가셔 紫芝
歌 싱각ᄒᆞ고 含輝嶺 ᄂᆞ래보이 玉蘊 山含비치로
다 停雲嶺 넘흔재예 가ᄂᆞᆫ 구ᄅᆞᆷ 머무ᄂᆞᆫ ᄃᆞᆺ 隔塵嶺
둘려시니 世路을 긋쳐셔라 耕雲野 도라드니 隱者의
취미로다 蔥烟林 落落松에 暮烟이 ᄌᆞᆷ겨셔라 招隱
洞 ᄎᆞ자드니 숨ᄂᆞᆫ ᄉᆞᄅᆞᆷ 부ᄅᆞᄂᆞᆫ ᄃᆞᆺ 尋眞洞 어ᄃᆞ매오 松下의
童子로다 紫門에 무려본들 白雲이 덥폇더라 採藥
洞 도러가니 百草을 심저ᄂᆞᆫ ᄃᆞᆺ 鏡心臺예 鳶飛ᄒᆞ고 數
魚淵에 魚躍이라 避世臺 안자시니 世念이 젼혀 업ᄂᆡ
尙巖臺 건너간이 富春이 이곳진ᄃᆞᆺ 浴鶴淵 磐

潔處에舞鶴巖이더욱긔다畫裡臺구어보니모든
景을그렷ᄂᆞᆫ듯合流臺노힌바회一壑을그렷더라
釣月灘ᄂᆞ려가셔ᄇᆞᆯ근달ᄆᆞᆯ근물에銀鱗을낙가내
니ᄃᆞᆯ이ᄯᅴ여나오ᄂᆞᆫ덧洗耳潭도라드니巢夫許由
긔아닌가響玉橋건네오니溪聲이琤琮ᄒᆞ고踏苔
橋ᄇᆞᆯ바오니石面에苔生일싀勿幕井믈근섬이井
卦上六깃쳐잇고象斗石노힌돌이七星을버렷더
라一區仙境을임재업시ᄇᆞ려이셔新羅一千年과
高麗五百載예몃英雄몃豪傑이수업시지내던고
天公이有意ᄒᆞ셔四友와깃치시니一半華山으로

旅軒을請ᄒᆞ신대靑藜杖부들부치陳園公본을바
다淸風에半醉ᄒᆞ셔田老을期約ᄒᆞ야日齊堂금히
짓고友蘭悅松齋號ᄒᆞ셔經傳을사하두고道義
下講을上劘ᄒᆞ니三隱에加兩이오四皓에倍一이라
命名ᄒᆞ신廿八景이眼前에버려시니都都ᄒᆞᆫ仙味
을塵外에알니업다渭水에고기낙고南陽에밧
가ᄂᆞᆫ덧閑隱에좀겨시니쓸리괴뉘려고이러
ᄒᆞᆫ杖屨所을千秋에깃쳐시니溪山物色이절로
절로비렷더라山절로水절로山水間에나도절로
아마도절로비련人生이절로절로늘그리라

# 小有亭歌

## 小有亭歌

琴湖江ᄂᆞ린믈이十里밧ᄭᅴ구븨지어之玄乙字로
白沙의빗셰흘려千丈絶壁下의萬族淵藪되얏거
ᄯᅩ琵琶山ᄒᆞᆫ활기東다히로버더ᄂᆞ려가던龍이머
ᄆᆞᄂᆞᆫᄃᆞᆺ江頭에두렷거ᄂᆞᆯ小有亭두세間을바회지
켜여러내나蓬萊仙閣을새로옴겨내여온ᄃᆞᆺ龍
眠妙手인ᄃᆞᆯ이ᄀᆞᆺ치그릴런가岳陽樓의비졋ᄃᆞᆯ이ᄒᆞᆫ
비초로블가시니其兄其弟를아미런줄모ᄅᆞ로다
滕子京사라던ᄃᆞᆯ必然ᄒᆞᆫ번ᄃᆞ톨럿셔엇그졔이勝
地ᄂᆞᆷ의손되얏졋더니天運이循環ᄒᆞ야舊主에도

라오니山河는依舊ᄒᆞ고景物이새로왓다鏡面鴒
鷺는繼世逢이되얏고야어리고拙ᄒᆞᆫ거시므슴志
趣이시리마는地靈이그러ᄒᆞᆫ지天性이남과달라
一釣竿밧씌萬事의쓰지업서花朝月夕의吟詠을
일을삼아滿目湖山의景致ᄅᆞᆯ슐펴보니千態萬狀
이야아마도만타마는范希文업거든뉘라셔다쁠
련고쁠이도업스니혼자볼뿐이로다午酒이初醒
커ᄅᆞᆯ낫대ᄅᆞᆯ두러메고任意逍遙ᄒᆞ야釣臺예건
너오니山雨는잠간개고大陽이뫼오는듸江風
이더듸오니鏡面이더욱ᄆᆞᆰ다洛水伊川인ᄃᆞᆯ이

곳치믈ᄀᆞᆯ련가깁픈돌이다보이니고기數ᄅᆞᆯ알리
로다고기도ᄂᆞ치거나ᄂᆞᆯ보고반기ᄂᆞᆫ가놀낼주
ᄅᆞᆯ모ᄅᆞ거ᄃᆞᆫᄎᆞᆷ아어이ᄂᆞᆺᄊᆞᆯ소니罷釣臨淵의魚共
樂이버지되야雲影川光이어ᄅᆡ여ᄯᅥ러지니於牣
魚躍을구룸속애보아괴야一般淸意ᄅᆞᆯ눌더려議
論ᄒᆞᆯ고말업ᄉᆞᆫ孤鶩이落霞齊飛ᄲᅮᆫ이로다ᄒᆞ믈며
八公山건너보니노프락ᄂᆞ즈락峭壁鑽峯이날
위ᄒᆞ야버러ᄂᆞᆫᄃᆞᆺ넙거ᄃᆞᆫ기지마나길거ᄃᆞᆫ넙지
마나白練萬丈을곳곳치재폇ᄂᆞᆫᄃᆞᆺ富春形勝인
ᄃᆞᆯ이江山의민졸런가山回水曲이견홀ᄃᆡ뵈야

蘆溪歌集 浦遺 四

업다各別ᄒᆞᆫ仙界라人間이아닌ᄃᆞᆺ싸古往今來
예英雄豪傑이만히도지낸마ᄂᆞᆫ天慳地秘ᄒᆞ야
나ᄅᆞᆯ주랴날과덧싸ᄃᆞ토리업스니나만두고즐
기노라仁者樂山과智者樂水ᄅᆞᆯ엇지널온말
ᄉᆞᆷ인고無狀ᄒᆞᆫ이몸이仁智ᄅᆞᆯ알라마ᄂᆞᆫ山水예癖
이지나늙글소록더어간다져貴ᄒᆞᆫ三公과이江
山을밧쌀소냐어리고미친말을우으리만타마ᄂᆞᆫ
아ᄆᆞ리우어도나ᄂᆞᆫ죠히너기로라爰居爰處ᄒᆞ다
恒産인ᄃᆞᆯ얼머치리野老生涯ᄅᆞᆯ만타야ᄒᆞᆯ가마
ᄂᆞᆫ追遠奉祭祀나誠敬으로널원後의이시면粥

이오업스면 굴믈만졍 그밧씌 나믄일을 져그나 블
알소냐 無思無慮ᄒᆞ야 이江山의 누어시니 山밧씌
世上일은 듯도보도 못ᄒᆞ로라 花開葉落 아니면
어ᄂᆡ節을 알리런고 梅堂의 곳픠거ᄂᆞᆯ 새봄을 貴
景ᄒᆞ라 青藜杖 빗기쥐고 童子ᄅᆞᆯ 블러내여 압뼈
락 뒤뼈락 五五三三 이李杜詩ᄅᆞᆯ 섯거읍고 숍닙
난 단되에 足容重케 흣거러 清江의 바ᄅᆞᆯ 씻고 訪
花隨柳ᄒᆞ여 興을 ᄐᆞ고 도라오니 風乎詠而歸인
ᄃᆞᆯ이 興에 더을손가 春興이 이러커든 秋興이야
져글소냐 金風一陣이 庭畔의 지나부려지ᄂᆞᆫ머

과ᄒᆞᆫ닙피새ᄀᆞ올알외ᄂᆞ다張瀚의江東去도오
ᄂᆞᆯ날아니런가正値秋風이반가와도보이ᄂᆞ다
斗酒를ᄃᆞ나ᄡᅳ나瓴ᄊᆡ매고버들블러隔岸漁村
애내노래가쟈ᄡᅳ라白接䍦를젓ᄡᅳ고小艇을ᄐᆞ
고오니ᄇᆞ람의ᄌᆞ친蘆花갠하ᄂᆞ래눈이되야斜
陽의놉피ᄂᆞ라어ᄌᆞ러이ᄉᆡ라ᄂᆞᆫᄃᆡᄀᆞᆯ닙페다ᄉᆞᆯ
노코蠶吐ᄉᆞ집그믈을결잔긴江의紫鱗銀唇을
數업시자바내여蓮닙페다므鱠과질甁의ᄎᆡ운수
를厭饇토록머근後의苔磯너븐돌애놉피베고
누어시니羲皇天地를오ᄂᆞᆯ다시보아괴야져근

듯잠드러欸乃聲의ᄭᆡᄃᆞ라니秋月이滿江ᄒᆞ야밤
비츨일허거ᄂᆞᆯ半醉閑吟ᄒᆞ고舡上의건너오니波
底의ᄌᆞᆷ긴ᄃᆞᆯ은ᄯᅩ어인ᄃᆞᆯ인게오ᄃᆞᆯ우희ᄇᆡ를ᄐᆞ고
ᄃᆞᆯ아래안자시니믄득疑心은月宮의올라ᄂᆞᆫᄃᆞᆺ物
外奇觀이ᄌᆞᆷ남ᄒᆞ야보이ᄂᆞᆫ다淸景을ᄃᆞ토면내分
에두라마ᄂᆞᆫ取之無禁이라나만ᄃᆞᆫ가녀기노라ᄂᆞᆯ
기예貪ᄒᆞ야도라갈줄니젓더ᄯᅡ아히야닷드러
라晩潮애ᄯᅴ여가쟈靑蘋葉上의江風이잠ᄌᆞᆺ니러
歸帆을뵈야ᄂᆞᆫᄃᆞᆺ아ᄃᆞᆨ던前山이忽後山의보이ᄂᆞᆫ
다須臾羽化ᄒᆞ여蓮葉舟에올라ᄂᆞᆫᄃᆞᆺ烟波ᄅᆞᆯ헤치

고月中의도라오니東坡赤壁遊인들이내興에미
츨런가江湖興味ᄂᆞᆫ나만ᄃᆞᆫ가녀기노라堯明聖世예
巢許도아닌거시白首生平의이名區에님재되야봄
이라이러ᄒᆞ고ᄀᆞ을이라그러ᄒᆞ니此間眞樂이布
衣極아닐소냐이江山뉘ᄯᅡ고聖主의ᄯᅡ히로쇠
聖主의臣子ᄅᆞᆯ뻠즉도ᄒᆞ다마ᄂᆞᆫ이몸이어리거
ᄃᆞᆫ稷契이되라런가大平文教애모다ᄇᆞ린사
ᄅᆞᆷ되야秋月春風의是非업시누어셔야아마도
이몸이聖恩도罔極ᄒᆞᆯ샤百番을주거도가플일이
어려웨라窮達이길히달라못뫼옵고믈러셔

도犬馬微誠은갈소록새롭ᄂᆞ다平生애품은뜻
을비노이다하ᄂᆞ님끠北海水여위도록우리
聖主萬歲쇼셔堯天舜日을每每보게삼기쇼
셔億兆生靈을擊壤歌를블리쇼셔이몸은이
江亭風月의늙을뉘를모ᄅᆞ리라

# 박인로 가사 11편

## [원전]